처음부터 배우는 경제학

KB194849

처음부터 배우는
경제학

백광석 지음

다온길

프롤로그

경제, 생각보다 쉽다!

'경제'라고 하면 뭐부터 떠오를까? 어려운 공식, 복잡한 그래프, 숫자로 가득한 뉴스… 뭔가 낯설고 어렵게 느껴질지도 모른다. 하지만 경제는 우리 일상과 아주 밀접한 관계가 있다.

아침에 마시는 커피 한 잔, 배달앱에서 주문한 저녁, 할인 쿠폰을 써서 산 옷, 햄버거 세트가 단품보다 싼 이유까지… 사실 우리는 매일 경제 속에서 살고 있다. 문제는 '경제학'이라는 단어가 너무 어렵게 들린다는 점이다.

하지만 걱정할 필요 없다. 경제는 원래 쉬운 개념이다. 다만 어렵게 설명하는 사람이 많을 뿐이다. 이 책은 '처음부터 배우는 경제학'이라는 제목 그대로, 경제를 보다 쉽게 이해할 수 있도록 구성했다. 특히 일상에서 흔히 접하는 사례를 통해 자연스럽게 개념을 익히며 경제의 흐름을 파악할 수 있도록 했다.

예를 들어 이런 것들이다.

· 왜 편의점 도시락은 저녁에 할인을 할까?
· 신용카드사는 왜 포인트를 제공할까?
· 주식과 투자, 도박과 뭐가 다를까?
· 명품이 비쌀수록 더 인기 있는 이유는?
· 배달앱 쿠폰이 계속 생기는 이유는?

이제부터 이 책과 함께 경제를 처음부터 쉽게 배워보자. 처음엔 어렵게 느껴질 수도 있지만, 하나씩 이해하다 보면 '아! 그래서 그랬구나' 하는 순간이 올 것이다. 그리고 그 순간, 경제는 더 이상 어려운 개념이 아니라 세상을 보는 눈을 넓혀주는 강력한 도구가 될 것이다.

자, 이제 경제의 세계로 한 걸음 나아가 보자.

백광석

차 례 ────────────────────────────────

3장

시장은 이렇게 움직여요!

〈처음부터 배우는〉시리즈

"처음부터 배우는" 시리즈는 특정 주제에 대해 막연한 두려움을 가진 초보자와 일반 독자들이 쉽고 명확하게 이해할 수 있도록 기획되었습니다. 처음 접하는 사람들에게 복잡하고 어려운 내용을 친숙하고 간단한 방식으로 풀어내어 학습에 대한 부담을 덜어주고자 했습니다. 이 시리즈는 누구나 쉽게 시작할 수 있도록 구성되었으며, 실생활에서 바로 활용할 수 있는 실용적인 지식과 팁을 제공하여 독자들이 자신감을 가질 수 있도록 돕습니다.

또한, "처음부터 배우는" 시리즈는 초보자들이 핵심 개념을 반복적으로 접하고 이해를 깊이 할 수 있도록 중복된 내용을 일부 포함하고 있습니다. 이는 같은 개념을 여러 번 강조하여 독자들이 중요한 포인트를 놓치지 않고, 핵심적인 내용을 확실히 숙지하도록 돕기 위한 의도입니다.

부제인 "일 잘하는 사람들의 비밀 노트"는 각 분야의 성공적인 사람들이 지식을 활용하고 문제를 해결해 나가는 방식을 비밀 노트처럼 쉽게 설명하고자 하는 의도를 담고 있습니다.

경제학, 생각보다 쉬워요!

돈이란 대체 뭘까?

우리가 살아가면서 가장 많이 생각하고 자주 사용하는 것이 바로 '돈'이다. 그렇다면 돈이란 정확히 무엇일까? 돈은 간단히 말하면 우리가 생활 속에서 원하는 물건이나 서비스를 얻기 위해 사용하는 도구다. 옛날 사람들은 물건을 서로 바꿔서 필요한 것을 얻었다. 예를 들어, 쌀을 가지고 있는 농부와 생선을 가진 어부가 서로 물건을 바꾸며 필요한 것을 얻었다. 하지만 이런 교환 방식은 서로 원하는 물건이 맞아야 가능했기 때문에 매우 불편했다.

이런 불편함을 해결하기 위해 사람들은 누구나 받아들일 수 있는 공통적인 수단을 찾았다. 그것이 바로 돈의 탄생이었다. 처음에는 조개껍질, 동물의 뼈, 심지어 소금과 같은 물건이 돈으로 쓰였고, 이후에는 금과 은 같은 귀금속으로 만든 동전이 사용되었다. 결국엔 오늘날 우리가 쓰는 종이돈과 동전 형태로 바뀌었고, 최근에는 신용카드와 모바일 결제 같은 디지털 화폐로까지 발전했다.

이렇게 돈이라는 공통된 수단이 생기면서 사람들은 필요한 물건을 더 쉽게 거래할 수 있게 되었고, 경제활동이 더 활발해졌다. 돈은 물건이나 서비스를 살 때뿐만 아니라 사람들의 노동에 대한 대가로도 쓰인다. 여러분이 회사에서 일하고 받는 월급도 바로 노동력을 제공한 대가로 돈을 받는 것과 같은 원리다.

또한 돈은 가치의 기준이 된다. 예를 들어 한 개의 사과가 천 원이라면, 사과의 가치는 천 원으로 정해지는 셈이다. 이처럼 돈 덕분에 상품의 가치를 쉽게 비교할 수 있게 되었고, 사람들이 물건을 살 때 더 합리적인 선택을 할 수 있게 되었다.

돈이 생기면서 저축도 가능해졌다. 만약 돈이 없다면 내가 만든 물건을 보관하거나 교환할 때까지 기다려야만 한다. 하지만 돈이 있다면 언제든지 물건으로 바꾸거나 원하는 서비스와 교환할 수 있어 편리하다. 또 미래를 위해 저축하거나 투자하는 것도 가능해졌다. 은행에 돈을 맡기면 이자가 붙고, 주식이나 부동산 등에 투자하여 돈을 더 키울 수도 있다.

하지만 돈이 무한정 있다고 해서 그 가치가 유지되는 건 아니다. 돈이 너무 많아지면 가치가 떨어져서 물건을 사기 위해 더 많은 돈이 필요하게 된다. 이런 현상을 '**인플레이션**'이라고 한다. 반대로 돈의 가치가 올라가는 것을 디플레이션이라고 하는데, 돈의 가치가 너무 높아져도 경제가 위축될 수 있다.

경제학을 공부하는 가장 큰 이유는 바로 이런 돈과 관련된 현상을 이해하고, 합리적인 선택을 하도록 돕는 데 있다. 돈의 흐름을 알고 경제의 기본 원리를 알면, 개인적으로는 현명한 소비와 투자를 할 수 있고, 국가적으로도 경제가 어떻게 움직이는지 이해할 수 있다.

결국 돈을 제대로 이해하는 것은 우리가 살아가면서 더 좋은 선택을 할 수 있게 도와준다. 경제학이란 그렇게 어려운 개념이 아니다. 돈이 우리 삶과 깊숙이 연결되어 있다는 사실만 기억하면, 경제학은 누구나 쉽게 접근할 수 있는 재미있는 학문이다.

02

'공짜 점심'은 없다?

우리가 살아가면서 늘 겪는 고민이 하나 있다. 바로 원하는 것을 전부 가질 수 없다는 사실이다. 이 세상에는 무한한 것이 거의 없다. 우리가 살아가는 데 꼭 필요한 음식, 옷, 집은 물론, 우리가 갖고 싶어하는 스마트폰이나 자동차, 여행 같은 것들까지 모두 한정되어 있다. 그런데 사람들의 욕구는 끝이 없다. 언제나 갖고 싶은 것이 있고, 이루고 싶은 것이 넘친다. 이렇게 원하는 것은 많고 얻을 수 있는 것은 한정된 상태를 경제학에서는 '**희소성**'이라고 부른다.

경제학에서 희소성이란 단순히 양이 부족하다는 의미가 아니다. 여기서 말하는 희소성은 우리 모두가 원하는 것을 전부 가질 수 없다는 현실을 뜻한다. 예를 들어, 내가 월급을 받았다면 그 돈으로 맛있는 음식을 사 먹을 수도 있고, 옷을 살 수도 있으며, 여행을 떠날 수도 있다. 하지만 내가 가진 돈은 한정적이기 때문에 이 모든 것을 다 가질 수는 없다. 그래서 우리는 선택을 해야 한다. 이때 등장하는 개념이 바로 '**희소성과 선택**'이다.

경제학에서는 이런 선택의 과정에서 포기하게 되는 가장 가치 있는 것을 '**기회비용**'이라고 부른다. 기회비용이란 어떤 선택을 했을 때 포기해야 하는 가치 중 가장 큰 것을 말한다. 예를 들어, 내가 주말에 친구들과 놀이공원에 가기로 했다면, 같은 시간에 가족과 함께 영화를 보는 기회는 포기해야 한다. 만약 놀이공원에 가는 것보다 가족과 영화를 보는 게 더 중요하다고 생각한다면, 친구들과 놀이공원에 가는 선택은 좋은 선택이 아닐 수 있다. 이처럼 경제학에서는 선택을 할 때 내가 포기하는 다른 것들을 명확히 이해해야만 더 나은 결정을 내릴 수 있다고 본다.

왜 우리는 선택해야만 할까?

이러한 상황을 경제학에서는 '**희소성의 원칙**'이라고 한다. 희소성은 경제학에서 가장 기본적이면서도 가장 중요한 개념이다. 희소성 때문에 우리는 늘 무언가를 선택해야 하고, 그 선택에는 항상 대가가 따른다. 이 때문에 경제학은 종종 '**선택의 학문**'이라고 불리기도 한다. 선택이 없는 상황이라면 경제학 자체가 존재하지 않을지도 모른다. 세상의 자원이 무한정 있고, 원하는 모든 것이 무료로 제공된다면, 사람들은 무엇인가를 선택하는 과정에서 고민하지 않을 것이다.

하지만 실제로는 그렇지 않다. 우리가 원하는 자원과 재화는 늘 부족하다. 정부 역시 마찬가지다. 정부는 세금으로 얻은 한정된 돈으로 도로를 건설할지, 병원을 짓고 복지를 확대할지, 아니면 새로운 일자리를 만들기 위한 지원금을 늘릴지 선택해야 한다. 이처럼 국가적 차원에서도 희소성과 선택은 항상 중요한 문제로 작용한다. 결국, 개인이나 기업, 국가를 가리지 않고 우리는 항상 한정된 자원을 어떻게 활용할 것인지에 대해 고민해야 한다.

합리적인 선택이 중요한 이유

그렇다면 어떤 선택이 현명한 선택일까? 경제학은 이를 '**합리적인 선택**'이라고 부른다. 합리적인 선택은 자신의 이익과 만족을 최대한 높이기 위해 주어진 자원과 시간을 가장 효율적으로 사용하는 선택이다. 쉽게 말해, 똑같은 돈을 쓰더라도 더 큰 만족과 효용을 얻을 수 있는 선택이 합리적 선택이다.

합리적인 선택을 하기 위해 우리는 '**기회비용**'을 잘 따져야 한다. 앞에서 말한 것처럼, 한 가지를 선택하면 반드시 다른 하나는 포기해야 한다. 즉, 합리적인 선택은 얻는 것과 잃는 것을 정확히 비교하고 평가하는 과정이다. 예를 들어, 월급의 일부를 저축하면 현재의 소비를 포기해야 한다. 대신 미래에 더 큰 소비를 할 수 있게 된다. 반대로 현재 소비를 늘리면 미래의 저축은 줄어든다. 경제학을 배우는 이유 중 하나는 이렇게 얻는 것과 포기하는 것 사이의 균형을 잘 잡고 현명한 선택을 할 수 있게 도와주기 때문이다.

합리적인 선택은 개인의 삶뿐 아니라 기업과 국가의 결정에서도 매우 중요하다. 기업은 제품을 생산할 때 어떤 제품을 만들고, 어떤 제품을 포기할지 결정해야 한다. 국가는 한정된 예산으로 복지나 국방,

교육 중 어떤 분야에 우선순위를 둘지 정해야 한다. 이 과정에서 기회비용과 합리성을 제대로 판단하지 못하면 많은 손해를 보게 된다.

공짜 점심은 없다

경제학에는 "세상에 공짜 점심은 없다"는 유명한 말이 있다. 이 말의 뜻은 모든 선택에는 반드시 대가가 따르며, 완전히 공짜로 얻을 수 있는 것은 없다는 의미다. 누군가 나에게 공짜 점심을 사준다고 해도, 그 시간을 투자하는 동안 내가 다른 일을 할 수 있는 기회를 포기하는 것이다. 이는 선택의 결과로 얻는 가치와 포기해야 하는 가치를 항상 신중히 고려해야 한다는 교훈을 준다.

희소성과 선택의 개념을 이해하면 우리 삶을 좀 더 합리적으로 살아갈 수 있다. 한정된 자원을 현명하게 활용하고, 원하는 것을 얻기 위해 필요한 대가가 무엇인지 정확히 알 수 있다. 그리고 결국 그것이 바로 경제학을 배우는 진정한 목적이기도 하다.

03

왜 자꾸 가격이 변할까?

마트에 가거나 온라인 쇼핑몰에서 물건을 살 때 우리는 항상 가격을 보게 된다. 같은 제품인데도 어떤 날은 비싸고, 또 어떤 날은 갑자기 싸지는 이유는 뭘까? 어떤 사람은 물건 값이 기업이나 판매자가 마음대로 정하는 것이라 생각하기 쉽지만, 사실 가격이 변하는 데는 분명한 이유가 있다. 그 이유를 제대로 이해하려면 경제학의 핵심 개념 중 하나인 '**수요와 공급의 원리**'를 알아야 한다.

우리가 자주 듣는 '**수요와 공급**'은 시장에서 가격을 결정하는 가장 기본적인 힘이다. 여기서 '**수요**'란 소비자들이 특정한 상품이나 서비스를 사고자 하는 욕구와 능력을 의미한다. 쉽게 말해, 어떤 물건을 사고 싶은 사람이 많을수록 수요는 증가한다. 반면 '**공급**'이란 상품이나 서비스를 판매하려고 시장에 내놓는 양을 의미한다. 이 수요와 공급이 시장에서 만나게 되면서 가격이 결정된다. 즉, 시장에서 어떤 제품의 가격이 비싸거나 저렴한 이유는 이 두 힘의 균형에 따라 달라지게 되는 것이다.

예를 들어, 여름에 시원한 음료수나 아이스크림 가격이 올라가는 이유는 무엇일까? 더운 날씨가 계속되면서 음료수를 찾는 사람들이 많아진다. 그러면 당연히 수요가 증가하게 되고, 물건이 빨리 팔리면서 공급이 부족해질 수도 있다. 그러면 시장에서 자연스럽게 음료수의 가격은 오르게 된다. 반대로 겨울이 되면 음료수를 찾는 사람이 줄어들어 가격이 떨어지기도 한다. 즉, 수요가 많으면 가격은 오르고, 수요가 적으면 가격이 내려간다.

반대로 공급이 부족하면 가격은 올라가고, 공급이 많으면 가격이 내려간다. 최근에 일어난 마스크 대란을 떠올려보자. 코로나19가 시작됐을 때 마스크는 갑자기 인기가 많아졌다. 많은 사람들이 마스크를 찾았지만, 시장에서 충분히 공급하지 못하자 가격이 급격히 상승했다. 공급이 부족한 상황에서 수요가 그대로거나 오히려 증가하면, 시장에서 가격은 빠르게 올라갈 수밖에 없다. 이것이 바로 수요와 공급이 시장에서 가격을 움직이는 방식이다.

가격이 끊임없이 변하는 이유는 무엇일까?

시장에서 가격은 끊임없이 변한다. 오늘과 내일의 가격이 다를 수도 있고, 같은 상품도 매장마다 가격이 다를 수 있다. 가격이 자주 변하는 이유는 수요와 공급이 고정되어 있지 않고 계속 변화하기 때문이다. 소비자의 선호나 구매력, 그리고 공급자의 생산 환경이나 비용 등이 지속적으로 변하기 때문에 가격도 꾸준히 변할 수밖에 없다.

예를 들어, 특정 인기 드라마에서 한 배우가 사용한 제품이 화제가 되었다고 생각해 보자. 그러면 많은 사람이 이 제품을 사려고 몰려들 것이고, 갑작스럽게 수요가 증가하면서 가격은 높아지게 된다. 제품을 판매하는 기업은 이 기회를 활용하기 위해 공급량을 늘리려 하겠지만, 즉시 공급을 늘리는 데에는 한계가 있다. 그동안에는 공급이 수요를 따라가지 못하니 가격은 한동안 높은 상태로 유지된다. 그러나 시간이 지나 소비자들의 관심이 식거나 공급이 늘어나면, 다시 가격은 내려간다.

반대로 생산 원가가 올라가면 공급자는 제품 가격을 인상할 수밖에 없다. 원자재 값이 상승하거나 인건비가 증가하면 공급자는 이전과 같은 가격으로 제품을 공급할 수 없고, 자연스럽게 제품 가격을 높이게 된다. 최근 우유나 빵, 커피 등 일상적인 물품들의 가격이 자주 오르는 이유도 원재료 가격과 같은 공급 환경이 바뀌었기 때문이다. 이런 가격 변화는 소비자들에게 직접적으로 영향을 미치며 시장의 반응을 불러일으킨다.

가격의 움직임을 이해하면 경제를 읽을 수 있다

가격의 변화는 단순히 하나의 상품에만 국한되지 않는다. 우리가 경제학을 배우면서 수요와 공급의 원리를 이해하면, 시장에서 일어나는 수많은 현상들을 보다 잘 이해할 수 있다. 예를 들어, 부동산 가격이 오르내리는 현상도 결국 수요와 공급이 균형을 이루지 못했기 때문이다. 사람들이 특정 지역에 많이 몰리면 주택 수요가 늘어나고, 공급이 부족하면 가격은 급격히 오른다. 이처럼 수요와 공급의 원리를 제대로 이해하면, 가격이 왜 움직이는지 그 근본적인 이유를 알 수 있다.

경제학을 배우는 이유는 바로 이런 흐름을 제대로 이해하기 위해서다. 가격의 움직임 뒤에는 항상 이유가 있다. 무작정 가격이 올라가고 내려가는 것이 아니라, 시장에서 사람들이 원하는 것과 기업들이 공급할 수 있는 것이 얼마나 균형을 이루느냐에 따라 결정된다. 경제학은 이렇게 시장의 움직임을 보다 정확히 이해하고, 앞으로 가격이 어떻게 변화할지 예상하는 데 도움을 준다. 이것을 알게 되면, 물건을 살 때나 투자를 결정할 때 보다 현명한 결정을 할 수 있게 된다.

가격은 단순한 숫자가 아니라 소비자와 공급자의 끊임없는 소통이다. 경제학을 배우면서 이 원리를 잘 이해하면, 앞으로 더 현명하고 합리적인 경제 생활을 할 수 있을 것이다.

싸게 사는 게 항상 이득일까?

마트나 쇼핑몰에 가면 '파격 할인!', '50% 세일!'이라는 문구가 자주 눈에 띈다. 누구나 조금이라도 더 저렴하게 물건을 사고 싶어 한다. 같은 물건을 싸게 사면 당연히 이득이라고 생각할 수 있다. 하지만 과연 가격이 싼 물건을 사는 것이 항상 현명한 선택일까? 경제학은 단순히 가격만 보고 싸다고 무조건 사는 것이 아니라, 그 이면에 숨겨진 진짜 비용을 따져보라고 한다. 이때 등장하는 개념이 바로 '**기회비용**'이다.

기회비용이란 무엇일까? 기회비용은 내가 어떤 선택을 했을 때 포기하게 되는 다른 선택의 가치를 뜻한다. 쉽게 말해, 지금 내리는 결정으로 인해 놓치는 가장 큰 다른 가치를 의미한다. 예를 들어, 내가 값싼 물건을 사기 위해 먼 곳까지 간다면 그 물건의 가격 외에도 교통비와 이동 시간까지 추가로 지불해야 한다. 겉으로는 싸게 샀다고 생각할지 모르지만, 실질적으로는 더 큰 비용을 치른 셈이다. 즉, 진정한 합리적 소비는 단순히 가격만 보고 결정하는 것이 아니라, 내가 선택으로 인해 포기한 다른 가치들을 함께 고려하는 것이다.

왜 할인 행사에 흔들릴까?

사람들이 물건을 살 때 가격에 쉽게 흔들리는 이유는, 대부분 눈에 보이는 돈의 액수만을 기준으로 판단하기 때문이다. 그러나 경제학자들은 눈앞의 가격 뒤에 숨겨진 다른 비용들을 생각해야만 합리적 소비가 가능하다고 말한다. 할인된 물건을 사기 위해 많은 시간을 소비하거나, 필요하지 않은 물건을 싸다는 이유만으로 사게 된다면, 이것은 결코 현명한 선택이라 할 수 없다.

예를 들어, 멀리 떨어진 마트에서 매우 싸게 파는 제품을 구매하기 위해 교통비와 시간을 더 쓰게 된다면, 사실상 그 제품을 싸게 산 것이 아닐 수도 있다. 그 시간과 교통비를 아껴 더 가치 있는 일에 사용할 수 있기 때문이다. 결국 가격만을 보는 소비는 순간의 만족을 줄 수 있지만, 장기적으로 더 큰 손해가 될 수 있다. 그래서 합리적 소비는 단순히 '저렴함'을 추구하는 것이 아니라, 내게 더 큰 가치를 주는 소비를 선택하는 것이다.

합리적 소비는 어떻게 하는 걸까?

그렇다면 합리적 소비란 무엇일까? 합리적 소비란 내가 가진 한정된 자원(돈과 시간)을 효과적으로 사용하는 방법을 찾는 것이다. 같은 돈으로 더 큰 만족과 가치를 얻는 소비를 선택하는 것이 바로 합리적 소비이다. 예를 들어 저렴하지만 품질이 낮은 물건을 여러 번 사는 것보다, 처음부터 가격은 조금 높더라도 품질 좋은 물건을 구매하는 것이 장기적으로 보면 더 현명할 수 있다. 싸다고 계속 저렴한 제품을 반복 구매하면, 결국 더 많은 돈과 시간이 소비될 가능성이 크기 때문이다.

여행에서도 마찬가지다. 비행기 티켓이 저렴하다고 무조건 구매하는 것이 아니라, 여행지까지의 이동 시간, 머무는 동안 발생하는 비용과 피로감 등 다른 요소까지 고려해야 한다. 저렴한 가격 뒤에 숨겨진 기회비용을 따져본다면 더 좋은 선택이 가능해진다. 이것이 바로 경제학에서 말하는 합리적 소비의 핵심이다.

기회비용을 생각하면 소비가 달라진다

기회비용을 알면 우리는 더 이상 무조건 싸다고 소비하지 않게 된다. 대신 소비할 때 내가 선택한 것과 동시에 포기한 가치를 비교하며 더 나은 선택을 할 수 있다. 비싼 제품이 항상 나쁜 선택이 아니듯, 저렴한 제품 역시 항상 이득을 보장하지 않는다. 중요한 것은 가격 자체가 아니라 그 소비가 내게 가져다주는 실제 가치이다.

예를 들어 인터넷 쇼핑몰에서 배송비가 무료가 되기 위해 필요하지 않은 물건을 더 사는 경우가 종종 있다. 이런 행동은 겉으로 보면 이득 같지만, 실상은 필요 없는 제품에 돈을 더 지출한 것이며 결과적으로는 손해가 될 수 있다. 합리적 소비자는 이런 함정에 빠지지 않는다. 배송비를 지불하더라도 꼭 필요한 물건만 사는 것이 장기적으로는 훨씬 이득일 수 있기 때문이다.

이처럼 기회비용을 생각하면 소비 습관이 달라진다. 필요 없는 물건을 싸다는 이유로 사지 않게 되고, 필요한 물건에 제대로 투자하게 된다. 그렇게 하면 결국 같은 돈을 써도 더 많은 만족과 효용을 얻을 수 있다.

진짜 똑똑한 소비를 위한 방법

경제학이 우리에게 알려주는 소비의 가장 중요한 원칙은 '소비에 따른 만족과 기회비용을 동시에 따져라'는 것이다. 싸게 산다는 것 자체는 나쁜 것이 아니지만, 싸다는 이유만으로 무작정 소비하는 것은 결코 이득이 아니다. 진짜 현명한 소비자는 물건을 구매할 때 그 물건이 가져다주는 가치가 가격보다 더 큰지, 그리고 이 소비를 위해 포기해야 하는 것이 무엇인지 정확하게 따진다.

합리적 소비의 핵심은 가격표만 보는 것이 아니라, 내가 얻는 가치와 놓치게 될 다른 가치까지 함께 고민하는 것이다. 이 원리만 잘 기억한다면, 소비는 단순한 지출이 아니라 나의 삶을 더욱 풍요롭게 만들어주는 현명한 선택으로 바뀌게 될 것이다.

시장은 알아서 돌아간다?

흔히 경제를 이야기할 때, '시장'이라는 말을 자주 듣는다. 뉴스나 신문에서도 "시장이 좋다", "시장이 나쁘다" 같은 표현을 쓰는데, 여기서 말하는 시장은 우리가 흔히 생각하는 마트나 전통 시장 같은 장소만을 의미하지는 않는다. 경제학에서 말하는 시장은 상품이나 서비스가 거래되는 전체적인 공간과 시스템을 의미한다. 다시 말해, 어떤 물건이나 서비스가 팔리고 사는 모든 활동이 이루어지는 공간을 통틀어 시장이라고 한다.

경제학에서는 흔히 "시장은 보이지 않는 손에 의해 움직인다"는 말을 많이 한다. 이것은 시장이 별다른 개입 없이도 자연스럽게 스스로 돌아가도록 설계되어 있다는 개념이다. 예를 들어, 많은 사람들이 어떤 상품을 원하면 그 상품의 가격이 올라가고, 반대로 그 상품이 넘쳐나면 가격이 내려간다. 이것이 바로 시장이 스스로 균형을 찾는 방식이다. 이런 원리를 가장 잘 보여주는 것이 바로 자유 시장 경제이다.

시장경제 체제에서는 가격이 공급자와 소비자의 수요·공급에 따라 자연스럽게 결정된다. 누가 억지로 가격을 정하는 것이 아니라, 소비자와 공급자의 필요와 상황에 따라 저절로 균형이 이루어지는 방식이다. 이 과정에서 자원이 효율적으로 분배되고, 소비자는 원하는 물건을 적절한 가격에 얻을 수 있다. 하지만 현실에서는 시장이 항상 완벽하게 작동하는 것은 아니다. 때로는 문제가 발생하거나 시장이 실패하는 경우도 있다.

시장이 실패하는 이유는 무엇일까?

시장이 항상 알아서 잘 돌아가는 것은 아니다. 때로는 정부가 시장에 개입해서 문제를 해결해야 하는 경우도 있다. 시장이 제대로 작동하지 않는 상황을 '시장 실패'라고 한다. 예를 들어, 한 기업이 시장을 독점해 가격을 지나치게 높이거나 품질이 떨어지는 제품을 공급할 때, 또는 공해를 발생시키면서도 그 비용을 부담하지 않는 기업이 있을 때 시장은 혼자 힘으로 이 문제를 해결하지 못한다. 이런 경우, 정부가 개입해서 공정한 경쟁 환경을 만들거나 환경을 보호하기 위한 규제를 시행해야 한다.

또 다른 예로, 대기 오염 같은 환경 문제는 시장이 스스로 해결하기 어렵다. 기업들이 오염 물질을 마음대로 배출한다면 공기가 나빠지고 건강 문제가 생기게 되는데, 이때 정부가 규제를 만들어 오염 물질 배출량을 제한하거나 세금을 부과하면 기업은 환경에 미치는 부정적인 영향을 줄이게 된다. 이처럼 시장이 해결하지 못하는 문제를 정부가 나서서 바로잡는 경우가 많은데, 이것이 정부의 시장 개입이 필요한 이유다.

시장 경제와 계획 경제, 뭐가 다를까?

그렇다면 모든 나라의 경제가 똑같은 방식으로 운영되는 걸까? 사실 나라마다 경제를 운영하는 방식은 다르다. 대표적인 두 가지 경제 시스템이 있는데, 바로 '**시장경제**'와 '**계획경제**'다.

시장경제는 자유 시장에서 소비자와 기업이 스스로 결정하여 경제 활동을 하는 방식이다. 정부의 간섭이 최소화되며, 가격은 시장에서 자연스럽게 결정된다. 미국이나 한국, 유럽 대부분의 국가들이 시장경제를 기반으로 하고 있다. 이 방식에서는 경쟁이 활발해져서 효율성이 높아지고, 소비자들이 원하는 제품과 서비스가 다양하게 공급된다. 하지만 소득 격차가 커지고 시장 실패가 발생할 수도 있다는 단점이 있다.

반면 계획경제는 정부가 경제를 직접 관리하고, 생산과 분배를 통제하는 방식이다. 과거 소련이나 현재의 북한 같은 국가들이 계획경제를 택했다. 정부가 제품 생산량과 가격, 심지어 공급까지 관리하기 때문에 물자 부족이나 과잉생산 같은 시장 혼란은 줄일 수 있지만, 개인의 자유로운 선택이 제한되고 소비자들의 요구를 정확하게 반영하기 어렵다는 단점이 있다. 결국 이러한 문제로 인해 최근 많은 나라가 시장경제를 주로 채택하거나, 시장경제와 계획경제를 혼합한 혼합경제를 운영하고 있다.

시장이 제대로 돌아가게 하려면?

그렇다면 시장이 효율적으로 돌아가도록 하려면 어떤 조건이 필요할까? 가장 먼저, 경쟁이 공정하게 이루어질 수 있도록 정부의 적절한 개입이 필요하다. 정부는 독점을 막고 공정한 경쟁이 이뤄지도록 해야 한다. 또한 정확한 정보가 소비자와 기업에 전달되어야 한다. 소비자가 정확한 정보를 얻지 못하면 잘못된 선택을 하게 되고, 시장은 제대로 기능하지 않는다.

정부는 세금을 통해 부를 재분배하거나 사회적 약자를 지원하고, 공정한 경쟁을 유지하도록 감독한다. 이렇게 시장에 적절한 개입을 통해 시장 실패를 막고 경제가 건강하게 작동하도록 유지하는 것이 중요하다. 하지만 지나친 개입은 시장의 자유를 방해하고 비효율을 초래할 수 있어 균형 잡힌 접근이 필요하다.

경제학에서 말하는 '시장이 알아서 돌아간다'는 표현은 시장이 가진 스스로의 조정 능력을 의미하지만, 완벽한 시스템은 아니라는 점도 기억해야 한다. 시장은 소비자와 기업, 정부가 서로 균형을 이루며 함께 만들어가는 것이고, 이 균형이 잘 이루어질 때 가장 효율적이고 건강한 경제 시스템이 완성된다. 이처럼 경제 시스템을 이해하면 경제가 어렵게 느껴지지 않고 더욱 친근하게 느껴질 수 있다.

일상 속에서 배우는 경제학

왜 편의점 도시락은 저녁에 할인할까?

편의점에 가면 흔히 볼 수 있는 풍경이 있다. 바로 도시락 코너에 붙어 있는 '30% 할인', '50% 할인' 같은 스티커다. 그런데 이상하게도 이런 할인 스티커는 대부분 늦은 저녁이나 밤이 되어야 붙는다. 왜 편의점은 항상 특정 시간에만 도시락 가격을 낮추는 걸까? 혹시 낮에는 비싸게 팔고, 밤에는 싼 가격으로 소비자를 유혹하는 마케팅 전략일까? 사실 이 현상은 경제학에서 매우 기본적이고 중요한 원리인 **'수요와 공급'**을 알면 쉽게 이해할 수 있다.

편의점 도시락은 대부분 그날 아침 일찍 만들어져 당일 판매가 원칙이다. 소비자들은 신선하고 맛있는 도시락을 원하기 때문에, 편의점 입장에서는 하루가 지나면 팔리지 않은 도시락을 그대로 버릴 수밖에 없다. 즉, 편의점이 가진 도시락 공급량은 당일 하루에만 유효하고, 다음 날이 되면 더 이상 가치를 가지지 못하는 셈이다. 이것을 경제학에서는 **'유통기한이 짧은 재화'** 또는 **'소멸성 재화'**라고 한다.

이처럼 시간의 흐름에 따라 가치가 떨어지는 상품은 가격 책정에서 중요한 문제를 낳는다. 낮에는 도시락을 찾는 사람들이 많아 공급된 도시락이 정상 가격으로도 잘 팔린다. 하지만 시간이 지나 저녁이 되고 밤이 되면, 도시락을 구매하는 사람 수가 크게 줄어들기 시작한다. 이때부터 편의점은 고민에 빠진다. 제값을 받고 계속 판매하면 팔리지 않은 도시락을 폐기 처분해야 하고, 그렇다고 너무 일찍 싸게 팔면 낮에 정상 가격으로 팔 수 있는 기회를 놓치게 된다.

결국 편의점은 저녁이 되면 도시락 가격을 할인하는 선택을 한다. 이때 가격을 낮추면 낮에 도시락을 구매하지 않았던 소비자들이 가격이 싸졌다는 이유로 다시 도시락을 찾기 시작한다. 낮에는 도시락의 가치가 높아서 정상 가격으로도 소비자들이 기꺼이 구매하지만, 저녁이 되어 가치를 잃기 시작하면 가격을 낮춰야만 남아 있는 도시락을 최대한 많이 판매할 수 있게 된다.

이것이 바로 경제학에서 말하는 '**수요와 공급의 시간적 관계**'이다. 시간이 지남에 따라 공급되는 상품의 가치는 변화하고, 이 변화에 따라 소비자들의 수요도 달라진다. 편의점 도시락처럼 유통 기한이 짧은 상품은 시간에 따라 공급자의 가격 정책이 달라질 수밖에 없다.

공급자는 왜 가격을 낮춰서라도 팔려고 할까?

공급자가 가격을 낮추는 이유는 분명하다. 상품이 팔리지 않고 폐기되면 그만큼 손해를 보기 때문이다. 편의점 입장에서는 도시락이 팔리지 않아 폐기 처분하면 아무런 수익도 얻지 못한다. 하지만 가격을 낮추더라도 조금이라도 팔 수 있다면, 적어도 상품을 만드는 데 들인 비용 일부라도 회수할 수 있게 된다. 이렇게 가격을 조정하여 손해를 최소화하는 전략을 경제학에서는 '**가격 차별화 전략**'이라고 한다.

가격 차별화란, 같은 상품이라도 판매되는 시간이나 소비자 특성에 따라 다른 가격을 매겨 판매하는 전략이다. 편의점 도시락뿐 아니라 백화점이나 마트에서도 신선 식품을 마감 시간에 싸게 파는 것역시 이와 같은 이유에서다. 판매자 입장에서는 제품을 하나라도 더팔아 재고 처분 손실을 줄이려 하고, 소비자는 저렴한 가격에 상품을 얻으니 서로 이득을 보는 상황이 만들어진다.

할인하는 편의점 도시락은 누가 살까?

그렇다면 할인된 편의점 도시락을 사는 소비자는 누구일까? 저녁 시간의 편의점에는 주로 직장인이나 학생들이 많다. 이들은 낮 시간에는 식당에서 식사를 하거나, 도시락을 정가에 구매하지 않으려는 소비자일 가능성이 높다. 그러나 저녁 이후 편의점에서 할인된 도시락을 보면 가격이 낮아졌기 때문에 소비 욕구가 다시 생기게 된다. 소비자 입장에서는 정상 가격으로 구매하기에는 망설였던 상품을 할인된 가격으로 사는 것이 이득이기 때문이다.

이처럼 시장은 수요와 공급의 상황에 따라 가격을 유연하게 변화시키고, 소비자와 공급자는 그 가격에 맞춰 소비와 판매를 결정하게 된다. 편의점 도시락 할인 사례는 아주 작은 예시 같지만, 경제학의 수요·공급 원리를 가장 잘 보여주는 대표적인 사례 중 하나다.

편의점 도시락이 저녁에 할인되는 이유는, 단순히 저녁 시간이라는 이유 때문이 아니라 상품의 특성과 소비자의 수요가 시간에 따라 바뀌기 때문이다. 가격이 저절로 결정되는 것이 아니라, 시간에 따라 변하는 수요와 공급의 흐름에 맞춰 자연스럽게 결정된다는 사실을 이해하면, 경제학은 우리의 일상과 더욱 가까워진다. 편의점의 도시락 할인 속에 숨겨진 경제 원리를 알게 된다면, 앞으로 우리가 소비하는 모든 것에 대해 더 깊이 생각할 수 있게 될 것이다.

햄버거 세트가 단품보다 싼 이유

햄버거 가게에 가면 늘 보는 풍경이 있다. 메뉴판을 보면 햄버거 하나만 사는 것보다 감자튀김과 음료가 포함된 세트 메뉴가 훨씬 더 저렴하다는 사실이다. 이 때문에 많은 사람들이 세트 메뉴를 선택하게 된다. 언뜻 생각하면 이상한 일이다. 제품이 두 가지, 세 가지가 모였는데도 오히려 각각의 제품을 따로 구매하는 것보다 저렴한 가격이 매겨지는 것이다. 대체 왜 햄버거 가게들은 굳이 이런 판매 전략을 선택하는 것일까? 햄버거 세트의 가격 책정에는 경제학적 원리가 숨어 있다.

햄버거 가게가 세트 메뉴를 싸게 판매하는 이유는 무엇보다 **소비자의 수요**를 더 효과적으로 이끌어 내기 위함이다. 햄버거를 사러 간 소비자는 사실 음료와 감자튀김을 원래는 구매하지 않을 생각이었을 수도 있다. 하지만 세트 메뉴의 가격을 보면서, 소비자는 '조금 더 내면 음료와 감자튀김까지 먹을 수 있는데?'라는 생각을 하게 된다. 결국, 소비자는 원래 계획에 없던 추가적인 상품을 구매하게 되고, 결과적으로 더 많은 금액을 지불하게 된다. 이렇게 소비자의 구매 욕구를 자극하여 판매량과 전체 매출을 높이는 전략이 바로 세트 메뉴이다.

경제학에서는 이와 같은 전략을 '**묶음 판매**'라고 부른다. 묶음 판매란 두 가지 이상의 상품이나 서비스를 묶어서 개별 상품의 합산 가격보다 더 저렴하게 판매하는 전략을 뜻한다. 이를 통해 소비자는 가격적인 이점을 느끼며 자연스럽게 추가 구매를 고려하게 된다. 판매자의 입장에서는 단일 상품을 개별로 팔 때보다 전체 매출이 증가할 수 있기 때문에 장기적으로 더 큰 이익을 얻을 수 있다.

묶음 판매 전략이 성공하는 이유

묶음 판매 전략이 성공하는 가장 큰 이유는 소비자들이 느끼는 '**심리적 이익**' 때문이다. 소비자들은 상품을 개별적으로 사는 것보다 묶어서 살 때 더 큰 혜택을 보는 듯한 느낌을 받는다. 심리적으로 '이득을 봤다'고 생각하는 것이다. 예를 들어, 햄버거가 4천 원이고, 음료가 2천 원, 감자튀김이 2천 원이라고 할 때 개별적으로 사면 8,000원이 된다. 하지만 이 세 가지를 묶어서 7,500원에 판매한다면 소비자 입장에서는 큰 혜택을 받은 기분이 든다. 실제로는 처음에 햄버거만 사려고 했던 소비자가 결국 음료와 감자튀김까지 추가로 구매하면서 매출은 오히려 늘어난다.

이 전략의 또 다른 장점은 소비자의 선택을 단순화한다는 점이다.

소비자는 개별 상품을 따로따로 구매할 때 가격 비교나 선택의 과정에서 고민할 수 있다. 하지만 세트 메뉴는 그런 고민을 최소화한다. 소비자들은 복잡한 선택의 과정을 생략하고, 이미 묶음으로 만들어진 메뉴를 선택하게 된다. 결국 선택 과정의 피로감을 줄이고 빠르게 결정하도록 유도하는 효과가 있다.

묶음 판매로 인한 기업의 이익

소비자뿐 아니라 기업의 입장에서도 묶음 판매는 매우 효과적이다. 왜냐하면 묶음 판매는 제품 간 수요의 편차를 줄이고 판매량을 안정적으로 관리할 수 있게 도와주기 때문이다. 예를 들어 음료나 감자튀김은 개별적으로는 잘 팔리지 않을 수도 있다. 하지만 인기 메뉴인 햄버거와 묶어서 팔면 수요가 낮은 제품들도 함께 판매될 가능성이 높아진다. 이것은 기업이 재고를 효율적으로 관리하고 판매량을 안정화하는 데 크게 기여한다.

또한 묶음 판매를 하면 소비자들이 제품 가격을 개별적으로 비교하기 어렵게 된다. 개별 상품 가격을 명확히 알기 어렵기 때문에 기업은 세트 메뉴에 더 자유롭게 가격을 매길 수 있고, 이를 통해 이익을 극대화하는 가격 정책을 수립할 수 있다. 소비자가 인지하는 혜택은 크지만, 기업 입장에서는 수익성을 더 높일 수 있는 것이다.

특히 햄버거 세트 같은 패스트푸드점의 묶음 판매는 매출 증가뿐아니라 매장 운영 측면에서도 효율적이다. 미리 묶음 상품으로 준비된 제품을 제공함으로써 주문과 결제 과정에서 걸리는 시간을 단축

시키고, 매출 증가뿐 아니라 고객 만족도까지 높일 수 있다. 주문이 빨라질수록 더 많은 손님을 상대할 수 있게 되어 운영 효율도 높아진다.

햄버거 세트 메뉴의 할인은 소비자와 기업 모두에게 이익을 주는 전략적 선택이다. 소비자는 저렴한 가격에 더 많은 상품을 얻는 심리적 만족을 얻고, 기업은 판매 효율과 매출 증대를 함께 누릴 수 있다. 이를 통해 기업과 소비자가 동시에 만족하는 윈-윈(Win-win) 전략이 실현되는 것이다.

이처럼 묶음 판매는 우리 일상에서 아주 흔하게 볼 수 있는 경제 전략이다. 햄버거 세트 할인 뒤에 숨어있는 경제학적 원리를 이해한다면, 우리가 마주하는 수많은 제품의 가격 전략들이 어떻게 작동하는지 훨씬 더 쉽게 이해할 수 있을 것이다.

한정판 운동화가 불티나게 팔리는 이유

사람들이 흔히 쇼핑몰이나 온라인에서 만나는 단어 중 하나가 바로 '한정판'이다. 특히 운동화나 명품, 특정 브랜드 제품들이 '한정판'이 라는 이름으로 판매될 때 소비자들은 새벽부터 긴 줄을 서고, 때로 는 높은 가격까지 기꺼이 지불하며 열광적으로 구매한다. 같은 브랜 드, 같은 품질의 제품인데도 왜 사람들은 '한정판'이라는 단어 하나 에 이렇게 민감하게 반응할까?

한정판의 인기는 경제학에서 말하는 '**희소성의 원리**'를 정확하게 보 여준다. 희소성이라는 것은 말 그대로 어떤 제품이나 서비스의 공급량 이 제한되어 있는 것을 말한다. 한정판 제품은 처음부터 수량을 제한 하고 정해진 시간이나 수량만 판매하기 때문에, 사람들이 갖고 싶어 하는 욕구를 더 강하게 자극한다. 경제학에서는 소비자들이 흔히 갖 기 어려운 물건을 더욱 귀하게 여긴다는 사실을 잘 알고 있다. 이 원리 를 가장 잘 나타내는 사례 중 하나가 바로 한정판 운동화이다.

사람들은 왜 같은 제품이라도 많이 만들어진 제품보다는 희소하게 생산된 한정판 제품에 더 높은 가치를 부여할까? 이는 사람의 기본적인 심리에서 비롯된다. 우리는 누구나 남들이 쉽게 가질 수 없는 것에 더 큰 매력을 느낀다. 다른 사람이 갖지 못한 것을 가졌을 때 사람들은 특별한 만족감을 얻고, 다른 사람들로부터 부러움을 받거나 인정받는다는 생각에 더 큰 가치를 부여한다. 바로 이런 심리를 경제학에서는 '**희소성 효과**' 또는 '**한정성 효과**'라고 부른다.

한정판 운동화와 베블런 효과

이렇게 사람들은 희소한 제품에 더 많은 가치를 부여하며 때로는 제품의 품질이나 본래의 가치보다 훨씬 높은 가격을 지불하는 것을 주저하지 않는다. 이런 현상을 경제학에서는 '**베블런 효과(Veblen Effect)**'라고 설명한다. 베블런 효과란, 제품의 가격이 오를수록 그 제품의 수요가 오히려 증가하는 현상을 의미한다. 이 현상은 특히 명품 브랜드나 한정판 상품에서 자주 나타난다.

한정판 운동화 역시 같은 맥락이다. 예를 들어 유명한 운동화 브랜드가 인기 연예인과 협업하여 만든 운동화를 생각해 보자. 처음부터 한정된 수량만 생산하고 높은 가격으로 출시했음에도 불구하고, 사람들은 줄을 서서라도 제품을 구매하려고 한다. 이런 제품은 때로는 정상적인 가격보다 몇 배나 높은 가격에 되팔리기도 한다. 소비자들은 비싼 가격을 지불하면서도 오히려 구매에 더 적극적으로 뛰어들게 되는 것이다.

사람들이 한정판 운동화를 구매하는 이유는 단순히 신발을 신기 위한 목적만은 아니다. 소유함으로써 얻는 심리적 만족감, 주변 사람들에게 자신이 그 제품을 가졌다는 사실을 과시하는 만족감까지 함께 얻으려는 목적이 크다. 즉, 제품의 기능보다는 희소성이 만들어내는 '사회적 상징성'이 더 중요한 구매 이유가 되는 것이다.

한정판 전략은 어떻게 이루어질까?

한정판 판매 전략은 기업들이 소비자의 관심을 끌기 위해 의도적으로 제한된 수량만 생산하거나 판매 기간을 한정하는 방식으로 이루어진다. 예를 들어, 특정 브랜드가 1,000켤레의 운동화만 만든다고 가정하면, 소비자들은 제품의 가치를 실제 가치보다 더 높게 느끼게 된다. 이때 기업들은 한정판이라는 것을 소비자에게 강조하기 위해 제품을 출시하기 전부터 적극적으로 홍보를 진행한다. 특히 인플루언서나 유명인들을 통해 관심을 끌고 소셜 미디어에서 입소문이 나도록 유도한다.

최근 한정판 운동화를 판매하는 브랜드는 온라인 추첨 방식을 활용하기도 한다. 이 방식은 단순히 돈이 많다고 해서 제품을 쉽게 구매할 수 없게 만든다. 구매를 원하는 사람들이 많을수록 경쟁률이 높아지고, 이는 제품의 희소성을 더욱 부각시켜 소비자들이 제품에 대한 욕망을 키우는 결과로 이어진다. 이렇게 하면 브랜드의 이미지가 상승하고, 소비자는 제품을 더욱 가치 있게 여기게 된다.

하지만 기업이 한정판 제품을 지나치게 자주 판매하거나 너무 많은 수량을 공급하면, 소비자들이 느끼는 희소성 효과는 점점 떨어진다. 따라서 기업은 이 희소성을 적절히 유지하면서 소비자들의 관심과 욕구를 지속적으로 자극할 수 있는 균형 잡힌 판매 전략을 세우는 것이 중요하다.

한정판 제품 구매, 항상 이득일까?

한정판 운동화 같은 상품에 너무 몰두하다 보면 때로는 과도한 비용을 지불하는 경우가 생긴다. 즉, 희소성이라는 가치를 너무 크게 평가하다 보면 합리적인 소비에서 멀어질 수도 있다. 경제학자들은 소비자들이 한정판 제품을 구매할 때 이 제품의 진정한 가치와 실제 사용 목적, 그리고 나의 경제적 상황을 종합적으로 고려하라고 조언한다.

한정판 제품은 분명히 소비자에게 특별한 만족을 주지만, 장기적인 관점에서 보면 꼭 더 높은 가치를 제공한다고 할 수는 없다. 신중하게 생각해보면 소비자의 만족도는 한정판이라는 특성보다도 실제 제품의 품질이나 필요성에 따라 결정되기 때문이다.

한정판 운동화가 우리에게 주는 경제학적 교훈은 단순히 한정판 제품을 사는 것이 나쁘다거나 좋다는 것이 아니다. 우리가 구매할 때 제품의 희소성과 진정한 가치를 함께 고려하여, 보다 현명하고 합리적인 소비 결정을 내리는 지혜가 필요하다는 점을 말해준다. 한정판의 심리적 유혹에서 벗어나 합리적인 소비를 할 때, 우리는 비로소 경제학을 진정으로 이해했다고 할 수 있을 것이다.

04

커피 가격이 갑자기 오르는 이유

우리가 매일 아침 마시는 커피 한 잔은 우리의 일상과 매우 밀접하게 연결되어 있다. 커피전문점에서 사 먹는 커피든, 편의점에서 간단히 사서 마시는 커피든, 어느 날 갑자기 커피 가격이 오르면 우리는 궁금해진다. "왜 갑자기 커피값이 오른 거지?" 사실 커피 한 잔의 가격은 단순히 가게 주인이 마음대로 정할 수 있는 것이 아니다. 커피 가격 뒤에는 생각보다 더 복잡한 경제적 원리가 숨어 있다.

카페에서 판매하는 커피 가격은 원두 가격, 임대료, 인건비 등 다양한 요소가 포함되어 결정된다. 그중 가장 기본적인 영향을 주는 것이 바로 커피 원두 가격이다. 전 세계에서 가장 많이 소비되는 음료 중 하나인 커피는, 브라질이나 베트남, 콜롬비아 등 특정 국가에서 주로 생산된다. 그런데 이 생산지에서 날씨가 나빠지거나 예상치 못한 자연재해가 발생하면 커피 생산량은 급격히 줄어든다. 생산량이 줄어들면 전 세계 커피 공급이 부족해지고, 자연히 커피의 원두 가격이 상승하게 된다.

예를 들어 브라질에서 극심한 가뭄이 발생했다고 가정해보자. 커피 생산량이 크게 감소하면, 전 세계 시장에서 원두 가격이 오르게 된다. 그러면 한국처럼 커피 원두를 수입하는 나라에서는 당연히 더 비싼 가격으로 원두를 들여와야 한다. 결과적으로 커피 원가가 상승하면서 우리가 마시는 커피 한 잔의 가격도 자연스럽게 올라가는 것이다. 이처럼 커피 가격 인상의 배경에는 생산국의 상황, 날씨와 같은 외부 요인이 직접적으로 연결되어 있다.

원두 가격 상승과 우리 지갑의 관계

우리가 흔히 생각하는 것과 달리, 카페 주인이 마음대로 커피 가격을 올리는 것은 아니다. 커피 전문점이나 카페들은 대부분 수입된 원두를 이용해 음료를 만든다. 따라서 원두 가격이 오르면 그만큼 음료 제조에 들어가는 비용이 올라가고, 결과적으로 커피 가격도 상승하게 된다. 이것을 경제학에서는 '**생산 원가의 상승**' 또는 '**공급비용의 증가**'라고 말한다. 원두 가격 상승으로 커피 한 잔을 만드는 데 들어가는 비용이 증가하면, 기업들은 가격을 올리지 않을 수 없다.

물론, 기업들은 비용이 오르더라도 쉽게 가격을 올릴 수 있는 것이 아니다. 소비자들이 가격 인상을 민감하게 느끼기 때문이다. 하지만 원두 가격이 계속해서 높은 상태를 유지한다면 결국은 가격을 올릴 수밖에 없다. 만약 원두 가격이 계속 오르는데도 소비자 가격을 그대로 유지한다면, 기업의 수익이 감소해 손해를 보게 되고 결국 가게를 계속 운영할 수 없게 된다. 그래서 가격 인상은 어느 정도 불가피한 선택이다.

원두 가격만이 이유일까? - 숨겨진 비용들

커피 가격이 오르는 또 다른 이유는, 원두 외에도 커피를 제공하는 데 필요한 비용이 많기 때문이다. 예를 들어 매장을 운영하려면 임대료와 전기세, 인건비가 들어간다. 최근 임대료나 최저임금이 상승하면 카페가 부담해야 할 고정비용이 증가한다. 이 비용이 올라가면 원두 가격이 같아도 소비자 가격이 오를 수밖에 없다.

카페가 아닌 편의점 커피의 경우에도 상황은 마찬가지다. 편의점에서 판매하는 커피는 직접 바리스타가 만드는 것이 아니지만, 공장에서 커피를 제조하고 유통하는 과정에서도 비용이 상승하면 가격은 오를 수밖에 없다. 공장의 생산 비용이나 유통 과정에서 들어가는 비용이 오르면 소비자에게 판매하는 제품 가격도 자연스럽게 인상된다.

소비자들은 가격이 오를 때 어떻게 반응할까?

그렇다면 가격이 올라갔을 때 소비자들은 어떤 반응을 보일까? 일반적으로 가격이 오르면 수요가 줄어든다. 가격이 비싸지면 소비자들은 그 제품의 구매를 줄이거나 대체 상품을 찾는다. 하지만 커피처럼 일상적으로 소비되는 상품은 가격이 조금 올라도 소비를 쉽게 줄이기 어렵다. 매일 마시는 커피는 단순한 음료가 아니라 사람들의 습관과 일상의 일부가 되었기 때문이다.

　따라서 커피 가격이 약간 오른다고 하더라도 소비량은 크게 줄지 않고 비교적 일정하게 유지된다. 경제학에서는 이런 상품을 '**비탄력적 수요를 가진 상품**'이라고 부른다. 즉, 가격이 조금 변한다고 해서 소비가 급격히 변하지 않는 상품이라는 뜻이다. 기업들이 가격을 올려도 소비량이 급격히 줄지 않는다면, 비용이 상승했을 때 가격 인상을 더 쉽게 선택할 수 있다. 이것이 커피 같은 상품의 가격이 오르는 이유 중 하나다.

커피 가격은 결국 경제 상황을 반영한다

커피 한 잔의 가격 변화는 단순히 원두 가격만의 문제가 아니라 다양한 경제 현상이 연결된 결과다. 원두 생산지에서의 자연재해, 임대료 상승, 인건비 상승 등 경제적 요인이 복합적으로 작용하며 우리가 마시는 커피 한 잔의 가격을 결정한다. 이렇게 우리가 마시는 평범한 커피 속에도 경제학의 원리가 담겨 있는 것이다.

커피 가격이 갑자기 오를 때 그 배경을 알면 더 합리적인 소비가 가능하다. 소비자는 커피 가격 변화의 이유를 이해하면 단순히 불만을 느끼는 것이 아니라, 경제 환경을 파악하고 대응할 수 있는 능력까지 갖출 수 있게 된다.

(05)

명품이 비쌀수록 더 인기 있는 이유

누구나 한번쯤은 쇼핑몰이나 백화점에서 비싼 가격의 명품을 보고 놀란 적이 있을 것이다. 가방이나 옷, 시계 같은 상품이 일반적인 제품에 비해 몇 배, 심지어 몇십 배나 비싼 가격에 팔리고 있지만, 사람들은 여전히 명품을 찾고 구매하려고 줄을 선다. 이처럼 비싼 가격에도 불구하고 오히려 인기를 끌고 있는 명품 브랜드의 인기는 경제학에서 매우 흥미로운 현상 중 하나로 여겨진다.

사실 일반적인 경제 원리에 따르면, 어떤 상품이 비싸질수록 소비자들은 구매를 꺼리는 것이 당연하다. 그러나 명품 시장에서는 오히려 비싸다는 이유로 수요가 증가하는 정반대 현상이 나타나곤 한다.

예를 들어, A라는 명품 브랜드의 핸드백이 300만 원일 때보다 500만 원으로 가격이 올랐을 때 오히려 더 많은 사람들이 관심을 가지고 구매하고자 한다. 이들은 높은 가격 자체가 브랜드의 품질과 가치를 나타낸다고 생각한다. 즉, 가격이 높을수록 제품이 가진 특별함과 가치가 더 커 보이는 것이다. 소비자들은 이러한 상품을 통해 자신의 사회적 지위나 부유함을 과시할 수 있다고 느낀다.

비싼 가격이 주는 특별한 심리적 효과

소비자들이 비싼 제품에 더 끌리는 이유는 바로 명품이 가지는 '**사회적 상징성**' 때문이다. 사람들은 자신이 가진 물건을 통해 타인에게 자신의 사회적 지위나 경제적 수준을 보여주고 싶어 한다. 명품은 그 자체만으로도 일정한 사회적 지위를 나타내는 강력한 상징이 된다. 비싼 가격은 누구나 쉽게 접근할 수 없는 진입장벽을 만들어서, 명품을 소유한 사람에게는 남다른 우월감과 특별함을 느끼게 해준다.

예를 들어, 유명한 명품 시계 브랜드의 제품은 일반적인 시계보다 훨씬 비싸지만, 비싼 가격 덕분에 소비자는 이 시계를 통해 자신이 경제적으로 성공한 사람이라는 이미지를 나타낼 수 있다. 이런 심리 때문에, 비싼 가격이 오히려 소비자들에게 더 많은 만족감을 준다. 사람들은 자신이 속한 사회적 그룹에서 인정받고 주목받고자 하는 욕구가 있으며, 명품은 이러한 욕구를 충족시키는 강력한 도구가 된다.

브랜드 가치란 무엇일까?

명품 브랜드가 높은 가격을 책정할 수 있는 이유 중 하나는 바로 강력한 '**브랜드 가치**' 때문이다. 브랜드 가치는 소비자들이 특정 브랜드에 대해 가지고 있는 믿음, 신뢰, 그리고 선호도를 의미한다. 브랜드 가치가 높을수록 소비자들은 그 브랜드의 제품을 선택할 때 품질에 대한 믿음과 심리적 만족을 얻는다.

명품 브랜드들은 오랜 기간 동안 철저한 품질 관리와 희소성 전략, 그리고 고급스러운 마케팅을 통해 자신들의 브랜드 가치를 지속적으로 키워왔다. 예를 들어 샤넬이나 루이비통 같은 브랜드들은 전 세계적으로 자신들의 상품이 소수의 사람들에게만 제한적으로 제공된다는 점을 강조한다. 희소성 전략을 통해 브랜드 가치를 더욱 높이는 것이다. 이 과정에서 소비자들은 명품 브랜드의 상품을 더욱 갖고 싶어 하게 되고, 브랜드가 제공하는 심리적 만족감을 위해 비싼 돈을 기꺼이 지불하게 된다.

명품 브랜드가 일부러 가격을 높이는 이유

흥미롭게도 명품 브랜드들은 때로는 일부러 가격을 높이기도 한다. 브랜드의 이미지를 관리하고, 소비자들에게 명품의 특별함과 희소성을 유지하기 위해서다. 예를 들어, 어떤 명품 브랜드가 상품 가격을 낮춘다면 오히려 소비자들은 그 브랜드를 명품으로 여기지 않게 될 수도 있다. 가격이 너무 낮아지면, 소비자들이 느끼는 희소성과 가치가 떨어지게 되고, 결국 브랜드 이미지가 손상될 수 있다.

따라서 명품 브랜드들은 일부러 생산량을 제한하고 높은 가격을 유지하여 소비자들이 지속적으로 상품에 관심을 갖게 만든다. 이렇게 하면 소비자들은 명품을 더 가치 있게 여기고, 높은 가격에도 불구하고 오히려 더 많은 사람들이 구매하고 싶어 하게 된다.

합리적 소비와 명품의 균형 잡기

물론 소비자 입장에서는 비싼 가격만으로 제품을 선택하는 것이 항상 합리적인 것은 아니다. 명품을 선택할 때는 비싼 가격이나 브랜드 이미지 외에도 실제 나의 경제적 상황, 제품의 사용 목적과 필요성 등을 신중히 고려할 필요가 있다. 비싼 가격의 명품을 구매하는 이유가 단순히 남들에게 보여주기 위한 과시욕에서 비롯된다면, 장기적으로 봤을 때 현명한 소비라고 보기 어렵다.

진정한 합리적인 소비는 가격이나 브랜드 가치에 무작정 끌려가지 않고, 나 자신에게 진정으로 필요한 제품을 신중하게 선택하는 것이다. 브랜드의 가치와 희소성을 이해하되, 내가 가진 경제적 상황과

실제 필요성을 고려하는 소비가 이루어질 때, 비로소 명품 소비도 합리적인 선택이 될 수 있다.

이처럼 명품 가격과 소비자 심리를 이해하면, 우리가 물건을 선택할 때 더욱 합리적이고 현명한 판단을 할 수 있게 된다. 명품의 경제학적 원리를 이해하면 소비자로서의 시야가 넓어지고, 더 나은 경제적 선택을 할 수 있게 될 것이다.

06

배달앱 쿠폰이 계속 생기는 이유

배달 음식을 시킬 때 가장 흔히 사용하는 방법이 배달앱이다. 그런데 배달앱을 자주 이용하는 사람이라면 한 가지 궁금증이 생길 수 있다. 왜 배달앱은 계속 쿠폰을 주는 걸까? 쿠폰은 보통 새로 가입한 사람에게만 제공되는 경우가 많은데, 배달앱에서는 신규 고객뿐 아니라 기존 고객에게도 끊임없이 쿠폰과 할인 혜택을 제공한다. 심지어 매일 다른 혜택이 제공되기도 한다. 소비자로서는 즐겁지만, 이런 혜택을 계속 제공하는 배달앱 회사는 과연 괜찮은 걸까?

이러한 쿠폰 발행의 배경에는 배달앱이 가진 독특한 사업 구조인 **'플랫폼 경제'**가 있다. 플랫폼 경제는 소비자와 공급자를 연결해 주는 온라인 기반의 서비스를 말한다. 배달앱의 핵심은 음식점(공급자)과 고객(소비자)을 한곳에서 만날 수 있게 연결해 주는 역할을 한다. 음식점은 배달앱을 통해 손쉽게 소비자를 만나고, 소비자는 앱을 통해 다양한 음식점을 비교하며 편리하게 주문할 수 있다. 플랫폼 입장에서는 많은 소비자와 공급자를 지속적으로 유치하는 것이 가장 중요하다. 그리고 이를 위해 가장 효과적인 방법이 바로 '**쿠폰과 할인 혜택**'을 통한 소비 유도다.

배달앱이 쿠폰에 집중하는 이유

배달앱이 쿠폰을 지속적으로 발급하는 가장 큰 이유는 바로 고객 확보 경쟁 때문이다. 배달앱 시장은 여러 회사가 경쟁하고 있기 때문에 소비자들의 충성도를 확보하는 것이 필수적이다. 배달앱은 소비자들이 앱을 떠나지 않고 계속해서 사용하도록 유도해야 하는데, 이때 가장 효과적인 방법이 소비자들에게 꾸준히 혜택을 제공하는 것이다. 쿠폰을 통해 소비자는 조금 더 저렴하게 음식을 주문할 수 있고, 이런 할인 혜택은 소비자들이 앱을 꾸준히 이용하는 동기가 된다.

예를 들어 저녁에 치킨을 시킬 때 A라는 배달앱에서 2,000원 할인 쿠폰을 준다면 소비자는 자연스럽게 A앱을 선택하게 된다. 다음날 점심에도 같은 앱에서 피자 할인 쿠폰을 제공한다면 소비자는 또다시 같은 앱을 사용할 가능성이 높아진다. 이렇게 반복적으로 혜택을 제공함으로써 소비자에게 습관을 형성시키고 장기적으로 앱을 지속적으로 이용하도록 만든다.

쿠폰은 배달앱과 음식점 모두에게 이익

배달앱의 쿠폰 제공이 배달앱 회사에만 좋은 것은 아니다. 음식점 역시 쿠폰을 통해 더 많은 고객을 확보할 수 있다. 예를 들어 새로 생긴 음식점이 앱을 통해 할인 쿠폰을 제공하면 소비자들은 처음 보는 음식점이라도 부담 없이 시도해볼 수 있다. 이를 통해 음식점은 많은 사람들에게 자신들의 메뉴를 홍보하고, 신규 고객을 빠르게 확보할 수 있다.

배달앱 입장에서는 이런 음식점들이 더 많이 앱에 참여할수록 소비자들에게 더 다양한 선택권을 제공하게 된다. 소비자 역시 음식점의 다양한 메뉴와 할인을 경험하면서 앱에 대한 만족도가 높아지게 된다. 결국 소비자와 음식점, 그리고 배달앱 모두가 서로 혜택을 주고받는 윈-윈(win-win) 상황이 만들어지는 것이다.

플랫폼 경제에서 소비 유도 전략

배달앱은 왜 직접 할인 쿠폰을 제공하면서까지 소비자에게 음식을 주문하도록 유도할까? 그 이유는 플랫폼 경제에서의 수익 구조 때문이다. 배달앱은 음식점이 음식을 판매할 때마다 일정 비율의 수수료를 받는다. 즉, 소비자가 주문을 많이 할수록 배달앱의 수익도 늘어나게 된다. 쿠폰이나 할인은 소비자가 주문을 더 자주 하게끔 하는 효과적인 소비 유도 전략이다.

특히 배달앱은 소비자들이 앱 사용을 습관화하도록 유도하고자 한다. 소비자가 배달앱을 계속 사용하면, 시간이 지날수록 할인 쿠폰 없이도 소비자는 앱에서 주문하는 것이 익숙해진다. 소비 습관이 한번 형성되면 소비자는 자연스럽게 같은 앱을 계속해서 사용하게 되고, 배달앱은 장기적으로 안정적인 고객층을 확보할 수 있게 된다.

쿠폰 혜택이 지속 가능한 이유

그러나 소비자 입장에서는 여전히 의문이 생긴다. 배달앱은 어떻게 이렇게 계속 쿠폰을 발급하면서도 수익을 유지할 수 있을까? 사실 쿠폰 제공에 들어가는 비용은 일종의 투자로 볼 수 있다. 처음에는 배달앱 회사가 일정 부분 손실을 보더라도, 장기적으로 고객들이 앱을 습관적으로 이용하면 결국 매출과 수익이 증가하기 때문이다. 특히 플랫폼 경제에서는 많은 고객을 확보하고 시장에서의 점유율을 높이는 것이 매우 중요하다.

예를 들어, 초기 단계에서는 쿠폰으로 인해 배달앱이 일정 손해를 볼 수 있다. 그러나 시간이 지나 고객들이 배달앱을 꾸준히 사용하면, 쿠폰 없이도 자연스럽게 앱을 이용하는 고객들이 증가하게 된다. 그러면 플랫폼은 수수료 수익을 안정적으로 확보하게 되어 초기의 비용 투자를 충분히 회수할 수 있다.

쿠폰을 현명하게 사용하는 소비자가 되자

쿠폰과 할인 혜택은 소비자들에게는 당연히 좋은 기회다. 하지만 무작정 쿠폰만 믿고 소비하는 것보다는 실제로 필요한지, 가격이 합리적인지를 따져보는 것이 중요하다. 배달앱의 쿠폰 제공이 플랫폼의 소비 유도 전략이라는 것을 이해하면 더 현명하고 합리적인 소비를 할 수 있다.

이처럼 배달앱에서 지속적으로 쿠폰이 발행되는 이유는 플랫폼 경제 구조 속에서 더 많은 고객과 음식점을 연결하고, 소비를 유도하여 장기적으로 수익을 창출하기 위한 전략이다. 소비자로서는 이런 구조를 잘 이해하고, 쿠폰을 현명하게 활용하면서 합리적인 소비를 하는 것이 중요하다. 이 원리를 잘 알게 되면, 배달앱을 더 똑똑하게 이용할 수 있게 될 것이다.

07

스마트폰 가격이 해마다 오르는 이유

매년 가을이면 새로운 스마트폰 출시 소식에 사람들은 기대감을 느
낀다. 새로운 기능과 성능 개선을 보며 소비자들은 빠르게 업그레이
드할지 고민하지만, 한 가지 분명한 사실은 스마트폰 가격이 매년 계
속해서 오르고 있다는 점이다. 단 몇 년 전만 해도 100만 원 미만이
었던 스마트폰 가격이 이제는 150만 원을 훌쩍 넘는 경우도 많아졌
다. 소비자 입장에서는 "왜 스마트폰 가격이 계속해서 오르는 거지?"
라는 의문이 들 수밖에 없다. 스마트폰 가격이 매년 상승하는 배경
에는 경제학적인 원리와 여러 가지 복합적인 이유가 숨어 있다.

스마트폰 가격 상승의 가장 큰 이유 중 하나는 바로 기술 발전이
다. 기술이 발전할수록 스마트폰에 탑재되는 부품들이 점점 더 고급
화되고 다양해진다. 예를 들어, 예전에는 단순히 전화를 걸고 메시지
를 주고받는 것이 전부였던 휴대폰이 지금은 고화질 카메라, 얼굴 인
식 기능, 빠른 처리 속도를 자랑하는 고성능 프로세서, 인공지능(AI)

기능 등 수많은 첨단 기술을 탑재하고 있다. 이러한 새로운 기능과 기술들이 추가될 때마다 스마트폰 제조 원가는 크게 상승한다.

이러한 기술 발전은 소비자들의 요구에서 시작된다. 소비자들이 더 나은 성능과 더 편리한 기능을 원하면, 기업들은 이를 충족하기 위해 끊임없이 연구와 개발(R&D)에 투자해야 한다. 이 과정에서 기업들은 막대한 연구 개발 비용을 부담해야 하며, 결과적으로 스마트폰의 판매 가격도 자연스럽게 올라갈 수밖에 없다. 기술이 발전할수록 제조에 들어가는 부품의 원자재 가격, 부품 가격, 개발비 등 모든 비용이 증가하기 때문이다.

첨단 기술 부품, 비싼 이유는?

스마트폰에 들어가는 첨단 기술 부품은 개발과 제조 비용이 상당히 높다. 예를 들어 최신 스마트폰에 사용되는 고성능 프로세서나 고화질 카메라 모듈은 복잡한 기술을 요구하며, 이 부품을 만드는 데에는 높은 비용과 많은 시간이 필요하다. 제조 업체는 이런 부품들을 만들기 위해 엄청난 연구비를 투자하고, 기술 개발 비용을 회수하기 위해 부품 가격을 높게 책정하게 된다.

최근 몇 년간 카메라의 경우를 예로 들어보자. 소비자들은 점점 더 좋은 사진 품질을 요구하고, 이에 따라 기업들은 더 고성능의 센서와 렌즈를 탑재한다. 그러면서 렌즈의 개수가 늘어나고 성능이 향상되면서 자연히 스마트폰 가격은 오르게 된다. 소비자는 이런 첨단 기술이 탑재된 스마트폰을 선호하고, 제조 업체들은 소비자의 기대를 충족시키기 위해 끊임없이 비용이 더 많이 드는 고급 부품을 사용하게 된다.

이처럼 소비자의 높은 기대와 기술 발전이 맞물리면, 자연히 생산 비용은 계속 상승할 수밖에 없다. 기업 입장에서도 고급 부품과 기술 개발에 많은 비용이 들어가기 때문에, 결과적으로 소비자가 구매하는 스마트폰 가격을 낮추기 어렵게 된다.

스마트폰 브랜드의 프리미엄 전략

스마트폰 가격 상승의 또 다른 이유는 바로 브랜드 가치와 프리미엄 전략 때문이다. 소비자들이 잘 아는 유명 스마트폰 브랜드들은 자신들의 제품에 고급스러운 이미지를 입히기 위해 프리미엄 전략을 사용한다. 예를 들어, 최신형 스마트폰을 출시할 때 이전 모델보다 가격을 더 높게 책정하여 제품이 가진 품질과 가치가 더욱 뛰어나게 느껴지도록 한다. 소비자들은 제품의 높은 가격이 곧 제품의 우수성을 나타낸다고 생각하기 때문에 가격이 오를수록 오히려 제품을 더 가치 있게 받아들인다.

프리미엄 전략을 쓰는 기업들은 단순히 제품의 기능뿐 아니라 브랜드의 이미지를 강화하는 데에도 많은 비용을 투자한다. 고급스러운 광고, 특별한 이벤트, 독창적인 디자인과 같은 요소를 통해 브랜드를 더욱 특별하게 보이게 만든다. 소비자는 높은 가격을 통해 자신이 특별한 브랜드를 가지고 있다는 느낌을 받으며, 이 때문에 기꺼이 더 높은 가격을 지불하게 된다.

브랜드 입장에서는 고급 이미지가 굳어질수록 제품 가격을 더 쉽게 올릴 수 있게 된다. 비싸더라도 소비자들이 제품을 계속 선택하기 때문이다. 이와 같은 프리미엄 전략은 결국 소비자들이 가격에 덜 민감해지게 만들며, 스마트폰 가격 상승의 또 다른 큰 이유로 작용한다.

생산 비용 증가, 전 세계 경제와의 연관성

마지막으로 스마트폰 가격 상승 이유는 제조 과정에서 발생하는 글로벌 경제적 요인과도 깊은 관련이 있다. 예를 들어, 스마트폰에 필요한 주요 부품이나 원자재 가격이 오르면 스마트폰 제조 원가 역시 상승한다. 특히 최근에는 세계적으로 반도체 수급 문제가 발생하면서 스마트폰 제조에 필요한 반도체 칩 가격이 급격히 상승했다. 부품 가격이 오르면 제조 비용이 올라가고, 제조사 입장에서는 자연스럽게 스마트폰 가격을 올릴 수밖에 없게 된다.

이러한 글로벌 경제 환경은 스마트폰뿐 아니라 모든 전자기기 시장에 영향을 미친다. 제품 가격 인상은 결국 제조사가 소비자에게 비용 상승을 전가하면서 발생하는 현상이다. 이처럼 소비자들이 구매하는 스마트폰 가격은 단순히 제조사의 욕심이나 이익 때문만이 아니라, 원자재 가격과 생산 비용 같은 외부적인 요인들에 의해 좌우된다.

결국 스마트폰 가격이 매년 올라가는 이유는 한 가지로 설명할 수 없다. 기술 발전에 따른 원가 상승, 브랜드의 프리미엄 전략, 글로벌 부품 수급 문제와 같은 다양한 경제적 요소들이 복합적으로 작용하기 때문이다. 이러한 이유를 잘 이해한다면, 소비자는 스마트폰 가격 상승에 대해 단순히 불만을 가지는 것이 아니라, 합리적인 소비 결정을 내릴 수 있게 될 것이다.

08

아파트 값은 왜 자꾸 오를까?

사람들은 종종 뉴스나 주변에서 "아파트 값이 또 올랐다"는 말을 듣는다. 심지어는 "지금이라도 아파트를 사야 하는 거 아닐까?"하는 생각을 갖기도 한다. 아파트는 대부분의 사람들에게 단순히 거주하는 집 이상의 의미를 가진다. 한국에서는 아파트가 자산 증식의 중요한 수단이 되었고, 많은 사람들이 아파트 가격 변화에 민감해졌다. 그렇다면 왜 이렇게 아파트 가격은 꾸준히, 때로는 급격하게 오를까? 그 뒤에는 경제학적으로 여러 가지 중요한 원리가 숨어 있다.

아파트 가격을 끌어올리는 '투자 심리'

아파트 가격 상승의 가장 큰 이유 중 하나는 바로 사람들의 투자 심리 때문이다. 사람들은 일반적으로 '집값은 계속 오를 것'이라고 생각하는 경향이 있다. 이러한 기대가 강하면 강할수록, 많은 사람들이 아파트를 구입하기 위해 몰려든다. 그리고 많은 사람이 한정된 아파트를 사려고 하면 자연스럽게 가격은 더 오르게 된다. 예를 들어, 최근 몇 년 동안 서울의 아파트 가격이 급등한 가장 큰 이유도 바로 이러한 투자 심리가 작용했기 때문이다.

부동산을 구입하려는 사람들이 늘어나면 수요가 급증하게 된다. 특히 아파트는 공급이 한정되어 있고 새 아파트 건설에도 시간이 오래 걸린다. 그런데 집값이 꾸준히 오를 것이라는 기대가 확산되면, 사람들은 조금이라도 빨리 집을 구매하려고 서두른다. 수요는 급격히 증가하지만, 공급은 제한되어 있다 보니 아파트 가격은 자연스럽게 상승할 수밖에 없다. 바로 이런 이유로 "지금 사지 않으면 더 비싸질 거야"라는 심리가 시장 전체로 확산되는 것이다.

도심으로 몰리는 인구와 아파트 가격

또한 아파트 가격 상승을 부추기는 또 하나의 중요한 요인은 인구의 도시 집중 현상이다. 사람들이 더 편리한 환경과 더 많은 일자리를 찾아 도시로 몰려든다. 도시에는 일자리, 교통 편의성, 학군 등의 이유로 더 많은 사람들이 모이게 되고, 특히 대도시의 중심 지역은 점점 더 많은 인구가 몰리게 된다. 이렇게 인구가 집중되면서 자연스럽게 주택, 특히 아파트 수요가 증가한다. 수요가 높아지면 가격이 오르는 것은 자연스러운 경제 현상이다.

예를 들어 서울이나 수도권 도심 지역의 경우, 일자리가 많고 교통도 편리하다 보니 사람들이 지속적으로 몰려든다. 이렇게 인구가 늘어나면 아파트를 원하는 사람도 많아지고, 결국 집값은 계속해서 상승하는 압력을 받게 된다. 따라서 인구 밀도가 높은 지역일수록 아파트 가격 상승 폭이 더욱 클 수밖에 없다.

부동산 공급의 한계와 집값 상승

아파트 가격 상승의 또 다른 원인은 공급이 제한되어 있다는 점이다. 일반적인 제품과 달리 부동산, 특히 아파트는 단기간에 공급을 늘리기 어렵다. 새 아파트를 짓는 데는 토지를 확보하고, 설계를 하고, 건축을 하는데 수년의 시간이 걸리기 때문이다. 이렇다 보니 수요가 갑자기 늘어나더라도 아파트 공급은 즉각적으로 따라가지 못한다.

특히 인기 있는 지역은 새 아파트를 지을 땅 자체가 부족하거나, 개발이 어렵기 때문에 공급이 매우 제한적이다. 예를 들어 서울 강남이나 주요 도심 지역은 이미 개발이 완료된 상태라 신규 공급을 크게 늘리기 어렵다. 공급이 한정되어 있고 수요는 높다면, 당연히 가격은 상승하게 된다.

정부 정책과 아파트 가격의 관계

아파트 가격이 급등하면 정부는 시장을 안정시키기 위해 다양한 정책을 사용한다. 하지만 이러한 정책이 오히려 집값을 더 올릴 수도 있다. 예를 들어 정부가 아파트 가격이 오르는 것을 막기 위해 규제를 강화하면, 오히려 사람들은 더 희소성이 높아진다고 생각하여 주택을 미리 구입하려고 한다. 이것이 바로 '규제가 오히려 가격을 더 올리는 역효과'가 나타나는 이유다.

정부가 규제를 발표하면, 소비자들은 규제가 더 심해지기 전에 빨리 사야겠다는 생각을 하게 되고, 이러한 심리가 수요를 더욱 자극하여 가격 상승으로 이어지기도 한다. 이것은 경제학적으로는 '**규제의 역설**'이라 불리는 현상으로, 규제가 오히려 가격 상승을 촉진하는 결과를 낳기도 한다.

사람들은 왜 아파트를 선호할까?

아파트가 인기가 높은 이유는 자산 가치가 쉽게 떨어지지 않는다는 점 때문이다. 주식이나 펀드와 같은 금융 자산은 시장 상황에 따라 가격이 급격히 변동할 수 있지만, 아파트는 상대적으로 안정적인 자산으로 인식된다. 또한 아파트는 실제 사용할 수 있는 주거 공간이면서 동시에 시간이 지나면 가격도 오를 수 있다는 기대감이 강하다.

그래서 사람들은 안전한 투자처로서 아파트를 선택한다. 특히 경제 불확실성이 커질수록, 현금이나 주식보다 실물자산인 아파트를 선호하게 된다. 이러한 심리가 바로 아파트 가격 상승을 지속적으로 부추기는 원동력이 된다.

아파트 가격이 자꾸 오르는 이유는 투자 심리, 도심 집중화 현상, 한정된 공급, 규제의 역설과 같은 여러 경제적 요인이 복합적으로 작용하기 때문이다. 이 원리를 이해하면 뉴스에서 아파트 가격 상승 소식을 들을 때마다 더 이상 막연하게 걱정하지 않고, 경제적 상황을 보다 냉정하고 합리적으로 판단할 수 있게 될 것이다.

09

왜 백화점 VIP 혜택이 중요할까?

백화점에서 쇼핑을 할 때 자주 방문하는 단골 고객을 위한 특별한 혜택이 있다는 사실을 알 것이다. 특히 VIP 고객에게는 전용 라운지 이용권이나 무료 주차권, 추가 할인 쿠폰, 심지어 생일이나 명절 때 선물을 주기도 한다. 일반 고객들이 보기에는 이렇게 많은 혜택을 제공하는 것이 과연 백화점에게 이익이 되는지 의아할 수 있다. VIP 고객에게 주는 이런 다양한 혜택의 배경에는 경제학에서 이야기하는 '**충성 고객 전략**'이라는 개념이 숨어 있다.

　백화점이 VIP 고객에게 특별한 혜택을 제공하는 가장 큰 이유는 바로 고객의 충성도를 높이기 위함이다. 경제학에서는 이를 '**충성 고객(Loyal Customer)**' 확보 전략이라고 한다. 충성 고객은 같은 매장에서 반복적으로 소비를 하며, 매장에 대한 애정과 신뢰가 깊은 고객을 의미한다. 이렇게 백화점에 자주 방문하고 많은 소비를 하는 고객을 VIP로 선정해 특별 대우를 제공하면 고객은 자연스럽게 더 많은 소비를 하게 되고, 다른 매장으로 쉽게 이탈하지 않게 된다.

예를 들어 한 백화점에서 VIP 회원에게 고급스러운 라운지와 음료 서비스를 제공한다고 가정해보자. 고객은 쇼핑을 하면서 휴식과 함께 편안함을 느끼고, 백화점에 대한 호감이 높아진다. 결국 다음에도 같은 백화점을 다시 찾게 되고, 이는 장기적으로 백화점 매출 증가로 연결된다. 백화점 입장에서는 처음에 고객에게 제공하는 비용보다 장기적으로 얻는 매출이 훨씬 더 크기 때문에 충분히 이익이 된다.

왜 충성 고객이 중요할까?

백화점이 충성 고객을 관리하고 유지하는 이유는 충성 고객이 일반 고객보다 훨씬 높은 매출을 올려주기 때문이다. 경제학에서는 '**파레토의 법칙**'이라는 원리가 있다. 이 법칙에 따르면, 전체 매출의 약 80%가 전체 고객 중 약 20%의 충성 고객에게서 나온다고 한다. 실제로 백화점의 매출 데이터를 살펴보면, 전체 고객 중 극히 일부의 VIP 고객이 전체 매출에서 큰 비중을 차지하는 경우가 많다.

예를 들어, 어느 백화점의 전체 고객 수가 10,000명이라면, 실제로 백화점의 매출 대부분은 단 2,000명의 충성 고객이 책임지는 셈이다. 그렇기 때문에 백화점 입장에서는 충성 고객의 만족도를 높이고 그들이 계속해서 매장을 방문하도록 유도하는 것이 매우 중요한 과제가 된다.

백화점은 어떻게 충성 고객을 관리할까?

백화점이 VIP 고객들에게 제공하는 혜택은 다양하다. VIP 고객은 매장에 들어설 때부터 특별한 대접을 받는다. 전담 매니저가 고객의 이름을 기억하고 맞춤형 서비스를 제공하거나, 다른 일반 고객들이 받지 못하는 독점적인 이벤트나 쇼핑 기회를 제공하기도 한다. 고객들은 이러한 특별한 혜택을 받으며 자신이 존중받고 있다는 느낌을 갖게 되고, 그 결과 매장에 대한 애정이 더 깊어진다.

특히 VIP 고객에게 제공되는 생일 선물이나 명절 선물, 각종 기념일에 보내는 개인화된 서비스는 고객과의 정서적 연결을 강화시키는 중요한 수단이다. 예를 들어 생일에 작은 선물을 받은 고객은 자신을 배려하고 기억해준 백화점에 더 깊은 애착을 느끼고, 앞으로도 그 매장을 우선적으로 방문할 가능성이 높아진다.

VIP 마케팅의 숨겨진 원리

VIP 고객 관리 전략은 '심리적 전환 비용'이라는 개념과도 관련이 깊다. 심리적 전환 비용이란 고객이 현재 자주 이용하는 브랜드나 매장에서 벗어나 다른 브랜드로 옮기는 것을 어렵게 만드는 심리적 비용을 말한다. 예를 들어 특정 백화점의 VIP 고객은 이미 다양한 혜택에 익숙해졌기 때문에, 다른 매장으로 옮기려면 그만큼 기존 혜택을 포기해야 한다는 부담감을 느낀다.

고객들은 지금까지 받았던 특별한 서비스나 혜택을 놓치고 싶지 않기 때문에, 쉽게 매장을 바꾸지 않는다. 이렇게 백화점은 소비자들이 매장을 옮기지 않고 계속해서 자신들의 고객으로 머물도록 만드는 효과를 누릴 수 있다. 즉, 백화점이 제공하는 다양한 혜택과 서비스는 소비자들이 다른 매장으로 이동하는 것을 방지하고, 오랫동안 자신들의 고객으로 머물게 하는 심리적 장치인 셈이다.

충성 고객 확보가 중요한 이유

이러한 전략이 장기적으로 효과를 거두면, 백화점은 안정적인 수익을 올리게 된다. 신규 고객을 계속 모집하는 것보다 기존 고객을 유지하는 것이 더 비용이 적게 들기 때문이다. 신규 고객을 모집하려면 광고 비용과 프로모션 비용이 들어가지만, 충성 고객은 이미 매장과 친숙하기 때문에 새로운 비용을 들이지 않고도 지속적인 매출을 창출해 준다.

또한 충성 고객들은 긍정적인 입소문을 내며 다른 소비자들에게 좋은 평가를 퍼뜨리는 역할도 한다. 이를 통해 신규 고객을 자연스럽게 확보하는 선순환 구조를 형성할 수 있다. 결국 충성 고객 마케팅은 기업에게 더 많은 수익과 더 많은 고객을 가져다주는 장기적인 투자이자 성공 전략이 된다.

백화점의 VIP 마케팅 전략은 소비자들에게 특별한 만족감을 제공하고, 그들의 심리적 만족과 충성도를 높여 지속 가능한 소비를 유도하는 전략이다. 경제학적으로 보면 고객이 기업에게 충성도를 보일수록, 기업은 안정적이고 지속 가능한 성장을 할 수 있다. 소비자로서도 이러한 전략을 이해한다면, 더욱 현명한 쇼핑 선택과 소비 생활을 할 수 있을 것이다.

$$10$$

'무료 게임'이 어떻게 돈을 벌까?

많은 사람들이 스마트폰이나 컴퓨터로 무료 게임을 즐기며 시간을 보낸다. 스마트폰 앱스토어나 온라인 게임 사이트에 접속하면 수많은 무료 게임들이 넘쳐난다. 한 번쯤은 "이 게임들이 어떻게 돈을 벌지?"라는 생각을 해본 적이 있을 것이다. 분명 무료라고 적혀 있는데도 게임을 운영하는 회사들은 막대한 수익을 올리고 있다. 그 비결은 바로 '**부분 유료화 모델**'과 '**광고 수익**'이라는 두 가지 중요한 전략에 있다.

무료 게임들이 돈을 버는 방식 중 가장 대표적인 것이 바로 '**부분 유료화 모델**'이다. 이 모델은 게임 자체는 무료로 제공하지만, 게임 내에서 추가 아이템이나 특별한 기능을 구매할 때 돈을 내도록 만드는 방식이다. 예를 들어, 무료로 즐길 수 있는 퍼즐 게임을 생각해보자. 처음에는 무료로 즐길 수 있지만, 게임을 더 빠르게 진행하거나 캐릭터를 예쁘게 꾸미기 위한 특별 아이템을 구매하려면 일정 금액을 지불해야 한다.

부분 유료화 모델이 성공하는 이유

부분 유료화 모델은 소비자에게 무료로 게임을 즐길 수 있게 하면서도, 특정 아이템이나 기능을 통해 소비를 유도한다. 이 전략이 성공하는 이유는 소비자가 심리적으로 구매에 부담을 덜 느끼기 때문이다. 처음부터 게임 자체에 돈을 내는 것보다, 게임을 하다가 조금씩 추가 아이템을 구매하는 것이 소비자에게 덜 부담스럽다. 소비자들은 필요한 순간, 또는 원하는 순간에만 선택적으로 돈을 쓰게 된다.

실제로 인기 모바일 게임을 보면 무료 게임인데도 게임 아이템 하나로만 매달 수십억 원의 매출을 올리기도 한다. 이는 소비자가 게임에 몰입하게 되면 게임 속 아이템을 구매하는 데에 돈을 쓰는 것을 망설이지 않기 때문이다. 특히 게임 내에서 캐릭터를 꾸미거나 희귀 아이템을 얻기 위해 경쟁하는 요소가 있으면 소비자들의 결제율은 더욱 높아진다.

소수의 유료 이용자가 전체 수익의 대부분을 만든다

부분 유료화 모델은 또 다른 경제적 원리인 '**파레토 법칙(80대 20 법칙)**'과 밀접한 관련이 있다. 일반적으로 전체 게임 이용자의 대부분은 무료로 게임을 즐기지만, 극히 일부의 사용자들이 아이템 구매에 큰돈을 지불한다. 예를 들어 한 게임에 100명의 사용자가 있다면, 실제 돈을 지불하는 사람은 그중 20명도 채 되지 않는다. 그런데 이 소수의 사람들이 전체 수익의 80% 이상을 담당하는 경우가 많다.

예를 들어 어떤 모바일 RPG 게임이 있다고 해보자. 이 게임은 캐릭터의 성장을 빠르게 하는 아이템을 판매한다. 100명의 이용자 중 20명의 사용자가 이 아이템을 적극적으로 구매한다면, 게임 회사는 전체 운영비를 충분히 감당하고도 많은 이익을 얻을 수 있다. 그래서 게임 회사들은 소수의 소비자가 지속적으로 결제할 수 있도록 매력적인 아이템을 끊임없이 개발하는 것이다.

광고로 수익을 창출하는 방법

부분 유료화 외에도 무료 게임은 '광고'를 통해 수익을 얻는다. 광고 수익 모델은 게임을 무료로 제공하고, 게임 속에서 광고를 보도록 유도하여 수익을 창출하는 방법이다. 소비자는 게임 중간중간에 나타나는 광고를 보게 되고, 게임 회사는 이 광고를 송출한 광고주로부터 수익을 받는다.

예를 들어 간단한 무료 퍼즐 게임을 할 때, 게임을 완료하면 보상을 받기 위해 15초~30초 정도 광고를 봐야 하는 경우가 있다. 사용자들은 무료로 게임을 즐기면서 광고 시청만으로도 보상을 얻을 수 있어 크게 불만을 가지지 않는다. 광고주는 게임을 하는 많은 이용자들에게 자연스럽게 광고를 노출할 수 있어 만족하고, 게임 회사는 광고주로부터 지속적인 수익을 얻는다. 이처럼 소비자, 광고주, 게임 회사 모두가 이득을 보는 구조가 형성되는 것이다.

왜 광고 수익이 게임에서 중요한 전략일까?

광고 수익 모델이 중요한 이유는 모든 사용자가 결제를 하지는 않기 때문이다. 광고는 결제를 하지 않는 무료 이용자로부터 수익을 얻는 중요한 수단이다. 결제를 전혀 하지 않는 사용자들도 광고를 보는 것만으로 간접적으로 게임 회사에 수익을 안겨준다. 특히 간단하고 중독성 강한 캐주얼 게임에서 광고 수익은 매우 중요하다. 이런 게임들은 플레이 시간이 짧고, 이용자 수가 많기 때문에 광고 노출 빈도가 높아져 광고 수익이 더 증가한다.

광고를 통해 수익을 얻는 게임은 많은 이용자를 유지하는 것이 중요하다. 사용자가 많을수록 광고 효과가 커지고 광고 수익도 늘어나기 때문이다. 그래서 무료 게임 회사들은 많은 사용자를 확보하기 위해 끊임없이 신규 콘텐츠를 제공하거나 다양한 이벤트를 개최하여 사용자들이 게임을 계속 이용하도록 유도한다.

무료 게임의 경제학, 소비자도 현명해지자

무료 게임의 수익 구조를 알게 되면 소비자로서 더 현명한 선택을 할 수 있게 된다. 게임을 즐기는 동안 자신이 필요하다고 생각하는 아이템이나 서비스를 합리적으로 선택하고, 광고 시청이 자신에게 어떤 영향을 주는지 판단할 수 있게 된다.

무료 게임 회사가 돈을 버는 방식은 부분 유료화와 광고라는 두 가지 주요 전략을 통해 이루어진다. 소비자들은 이 구조를 잘 이해하고 합리적인 소비를 한다면 무료 게임을 보다 현명하게 이용할 수 있을 것이다. 게임 회사 역시 소비자들이 원하는 콘텐츠를 지속적으로 제공하며 서로에게 이익이 되는 선순환 경제 구조를 만들어 갈 수 있다.

11

신용카드를 쓰면 왜 포인트를 줄까?

신용카드를 사용하다 보면 결제를 할 때마다 일정 금액의 포인트가 쌓이는 걸 볼 수 있다. 편의점에서 간단한 음료를 사거나, 식당에서 밥을 먹고 계산할 때도 카드를 긁으면 포인트가 적립된다. 소비자 입장에서는 이 포인트가 공짜처럼 느껴져 기분 좋은 혜택이지만, 곰곰이 생각해 보면 금융회사나 카드사가 이렇게 포인트를 계속 지급해도 정말 이익이 나는 것인지 궁금해질 수밖에 없다. 그럼 왜 카드사들은 소비자가 카드를 사용할 때마다 포인트를 주는 것일까?

신용카드사가 고객에게 포인트를 제공하는 가장 근본적인 이유는 고객들의 소비를 적극적으로 유도하기 위해서다. 경제학에서는 이것을 '**소비 유도 전략**'이라고 부른다. 쉽게 말해 카드사는 소비자가 더 자주, 더 많이 신용카드를 쓰도록 만들고 싶어 한다. 소비자가 카드를 많이 사용할수록 카드사는 매출이 증가하고, 자연히 수익도 증가하기 때문이다.

예를 들어, 어떤 소비자가 신용카드를 처음 발급받았다고 생각해보자. 카드를 처음 발급받았을 때 카드사에서 "3개월 동안 100만 원 이상 사용하면 포인트를 추가로 5만 점 드립니다"라는 이벤트를 제공한다고 하자. 소비자는 이 포인트를 받기 위해 자연스럽게 해당 카드를 더 자주 사용하게 된다. 원래 현금으로 결제하던 것도 포인트를 받기 위해 신용카드를 사용하게 되고, 결과적으로 소비자의 카드 사용금액은 늘어난다. 이 과정에서 카드사는 소비자에게 주는 포인트 이상의 이익을 얻게 된다.

신용카드사가 포인트로 어떻게 돈을 벌까?

포인트 제공이 카드사에 유리한 이유는 카드사의 독특한 수익 모델에 있다. 카드사는 소비자가 카드를 사용할 때마다 가맹점으로부터 '수수료'를 받는다. 예를 들어, 소비자가 음식점에서 신용카드로 1만 원을 결제했다고 생각해보자. 그러면 카드사는 음식점으로부터 약 1~3% 정도의 수수료를 받는다. 만약 카드사가 음식점으로부터 2%의 수수료를 받는다면, 카드사는 1만 원 결제당 200원의 수익을 얻는다.

이 수수료가 카드사의 주된 수익원이다. 따라서 카드사는 소비자가 카드를 더 많이 쓸수록 가맹점으로부터 얻는 수수료가 늘어난다. 카드사가 포인트를 제공하는 것은 소비자가 카드를 적극적으로 쓰도록 유도하고, 이를 통해 수수료 수익을 더욱 극대화하는 전략이라고 할 수 있다. 카드사가 포인트를 소비자에게 제공할 때 발생하는 비용보다 소비자가 카드를 더 많이 사용함으로써 얻는 수수료 수익이 훨씬 크기 때문에 카드사는 지속적으로 포인트 혜택을 제공하는 것이다.

고객 충성도와 카드사의 수익

카드사가 포인트를 제공하는 또 다른 중요한 이유는 고객 충성도 확보를 위해서다. 금융회사 입장에서 고객의 충성도는 매우 중요하다. 소비자가 특정 카드사에서 포인트를 지속적으로 쌓게 되면, 그 포인트를 활용하기 위해서라도 계속해서 같은 카드사를 선택하게 된다. 소비자는 포인트를 통해 얻는 작은 혜택이라도 계속 누리기 위해 다른 카드사로 이동하는 것을 망설이게 된다.

예를 들어 소비자가 A 카드사에서 10만 포인트를 보유하고 있다면, 이 소비자는 포인트를 사용하기 위해 계속해서 A 카드사의 카드를 사용할 가능성이 높다. 심지어는 포인트를 더 많이 얻기 위해 큰 금액의 결제도 해당 카드로 하게 된다. 이렇게 되면 카드사는 소비자를 오랜 시간 동안 확보하고 꾸준히 수익을 창출할 수 있다. 경제학에서는 이를 '**충성 고객 효과**'라고 부르며, 카드사의 입장에서는 포인트 지급이 소비자의 장기적인 충성도를 높이는 매우 효과적인 전략이 된다.

포인트가 많아질수록 소비자는 더 많은 돈을 쓴다

소비자가 포인트를 받으면 심리적으로 '이익'을 봤다고 느낀다. 그리고 이 포인트가 많아질수록 소비자는 자신도 모르게 카드 사용량을 늘리게 된다. 이는 소비자가 포인트를 소비 자체의 즐거움으로 연결시키기 때문이다. 예를 들어, 쇼핑할 때 포인트를 사용하면 할인받는 느낌을 받아 더욱 만족스러운 쇼핑을 했다고 느낀다. 그리고 포인트가 쌓이는 재미를 느끼면서 소비를 더 자주 하게 되는 것이다.

이러한 현상은 '**소비 심리**'와 깊은 관련이 있다. 소비자는 포인트를 받으면 이익을 얻었다고 생각하고, 그 이익을 유지하거나 늘리고자 더 많은 소비를 하게 된다. 따라서 카드사는 소비자들에게 포인트를 통해 작은 보상을 계속 제공하고, 소비자들은 그 보상을 얻기 위해 꾸준히 소비를 이어가게 된다.

포인트는 결국 금융회사의 전략이다

신용카드사가 포인트를 제공하는 이유는 소비자를 유인하고, 카드 사용량을 증가시키며, 장기적으로 고객의 충성도를 확보해 카드사의 수익을 극대화하기 위한 경제적 전략이라고 할 수 있다. 소비자 입장에서는 포인트를 잘 활용하면 작은 혜택을 지속적으로 얻을 수 있지만, 동시에 금융회사들이 제공하는 이러한 혜택의 이면에는 고객의 소비 심리를 이용한 마케팅 전략이 있다는 것을 이해하는 것이 중요하다.

소비자들은 포인트 혜택을 받는 것이 좋은 일이지만, 이 과정에서 본인의 소비를 통제하고 합리적인 소비를 유지하는 것이 더욱 중요하다. 포인트를 현명하게 이용하면 소비자와 카드사 모두 윈윈(win-win)하는 경제적 구조를 만들 수 있을 것이다.

12

환율이 오르면
해외여행 비용이 달라지는 이유

여름 휴가나 연말이 다가오면 해외여행 계획을 세우는 사람들이 많다. 여행지를 정하고 호텔과 항공권을 예약할 때, 문득 환율이라는 단어를 듣게 된다. TV 뉴스에서도 "달러 환율이 올랐다"거나 "엔화가 싸졌다"는 말이 자주 나오는데, 도대체 이 환율이란 것이 왜 중요하며, 해외여행 경비와는 어떤 관계가 있는 걸까? 환율은 경제학에서 굉장히 중요한 개념이며, 우리의 해외여행 비용에도 직접적인 영향을 미친다.

환율이란 간단히 말해 한 나라의 돈을 다른 나라의 돈으로 바꿀 때의 비율을 말한다. 예를 들어, 1달러가 1,200원이라면 미국의 1달러를 얻기 위해 한국 돈 1,200원을 내야 한다는 뜻이다. 이 비율이 높아지면(예 : 1,200원에서 1,300원으로), 같은 달러를 얻기 위해 더 많은 원화를 지불해야 하고, 낮아지면 더 적은 원화로도 달러를 살 수 있게 된다. 결국, 환율이 변하면 우리가 해외에서 소비할 때 드는 비용이 크게 달라진다.

환율이 오르면 해외여행이 더 비싸지는 이유

환율이 오르면 해외여행 경비가 비싸지는 이유는 간단하다. 만약 환율이 1달러당 1,200원에서 1,400원으로 오르면, 같은 100달러짜리 상품을 사는데 예전에는 12만 원이면 됐던 것이 이제는 14만 원을 지불해야 한다. 즉, 우리가 한국에서 벌어놓은 돈의 가치는 그대로지만, 해외에서 돈을 쓸 때는 가치가 떨어져 더 많은 돈이 필요해진다.

예를 들어, 미국에서 햄버거 세트가 10달러라고 가정하자. 환율이 1,200원일 때는 12,000원만 있으면 되지만, 환율이 1,400원으로 오르면 14,000원을 지불해야 한다. 결국 환율이 오르면 해외에서 같은 상품을 사도 더 많은 돈이 들고, 소비자는 해외여행을 갈 때 더 많은 돈을 준비해야 한다.

환율은 왜 변할까?

환율이 오르고 내리는 이유는 국제 경제 상황에 따라 달라진다. 일반적으로 환율은 국가 간의 경제적 힘과 관계가 깊다. 예를 들어, 미국 경제가 좋아지면 사람들은 달러를 더 많이 사고자 한다. 그러면 달러의 가치가 올라가고, 우리나라 입장에서는 달러가 비싸지게 된다. 반대로 한국의 경제가 튼튼하고, 수출이 잘되어 외국에서 우리나라의 물건을 사기 위해 원화를 많이 필요로 하면 원화의 가치가 올라가고 달러의 가치는 상대적으로 내려간다.

또한 국제적인 사건이나 뉴스도 환율을 움직이는 주요 원인이 된다. 예를 들어 미국이 금리를 올리면 달러를 가지고 있으면 더 높은 이자를 받을 수 있기 때문에 세계 각국의 투자자들이 달러를 사려고 한다. 이렇게 되면 달러의 가치가 올라 환율이 오르는 것이다.

환율 변화가 여행뿐 아니라 쇼핑에도 미치는 영향

환율 변화는 해외여행뿐 아니라 해외에서 쇼핑할 때도 영향을 준다. 예를 들어 일본 여행을 갈 때, 엔화 환율이 높으면 같은 물건을 사더라도 더 많은 원화를 지출해야 한다. 환율이 낮아지면 같은 돈으로 더 많은 상품을 구매할 수 있다. 그래서 환율이 낮아지면 해외 쇼핑이나 명품 쇼핑이 활발해지기도 한다.

예를 들어, 최근 몇 년 동안 엔화가 싸졌을 때, 많은 한국 관광객이 일본에 가서 명품이나 전자제품을 저렴하게 구매하기도 했다. 이는 환율이 낮아졌기 때문에 한국 소비자들이 이전보다 적은 비용으로 같은 상품을 구입할 수 있었기 때문이다.

환율 변화가 여행 산업에 미치는 효과

환율 변화는 여행 산업에도 영향을 미친다. 환율이 높아지면 해외여행 비용이 증가하기 때문에 여행객 수가 감소하고, 여행업계는 어려움을 겪는다. 반면, 환율이 낮아지면 해외여행 비용 부담이 줄어들기 때문에 해외여행 수요가 증가하고 여행업계는 호황을 맞게 된다.

예를 들어 환율이 낮았던 시기에 항공사나 여행사들이 일본이나 동남아 지역의 상품을 적극적으로 판매하며 많은 고객을 유치했다. 그러나 환율이 높아질 때는 여행객 수가 줄어 항공권 가격이나 숙박비가 내려가는 현상도 나타나곤 한다.

해외여행 계획 전, 환율을 꼭 확인하자

결국 해외여행을 준비하는 사람들은 반드시 환율을 고려해야 한다. 특히 여행 경비를 미리 환전할 때, 환율이 오르거나 내릴 가능성을 생각하여 적절한 시기를 골라 환전하는 것이 좋다. 예를 들어, 환율이 높을 때는 환전을 미루거나 여행 일정을 재조정하는 것도 고려할 수 있다. 반대로 환율이 낮을 때 미리 환전해두면 나중에 여행할 때 더 큰 혜택을 누릴 수 있다.

경제적으로 현명한 소비자가 되기 위해서는 환율을 이해하고, 그 변동에 따라 지출 계획을 세우는 것이 중요하다. 환율은 단순히 숫자에 불과한 것이 아니라, 실제 우리가 해외에서 사용하는 돈의 가치를 결정하는 중요한 지표다. 이를 잘 이해하면 여행을 더 현명하고 합리적으로 계획할 수 있고, 경제적으로도 더욱 효율적인 소비를 할 수 있게 될 것이다.

(13)

왜 은행 이자는 오를 때도 있고,
내릴 때도 있을까?

은행에 돈을 맡기면 우리는 예금 이자를 받는다. 반대로 돈을 빌릴 때는 대출 이자를 낸다. 그런데 가끔 뉴스를 보면 "금리가 올라서 대출 이자가 비싸졌다"거나 "금리가 내려서 예금 이자가 줄었다"는 소식을 접할 때가 있다. 왜 은행 이자는 고정되지 않고 수시로 바뀌는 걸까? 이러한 이자율(금리)의 변동은 단지 은행의 마음대로 결정되는 것이 아니라, 경제 전체의 흐름과 밀접한 관련이 있다.

이자를 이해하려면 먼저 '**금리**'라는 용어부터 알아야 한다. 금리는 간단히 말하면 '돈을 빌려 쓰는 데 드는 비용'이다. 예를 들어, 은행에서 돈을 빌릴 때 내야 하는 이자, 혹은 예금으로 돈을 맡기면 은행이 지급하는 이자 모두 금리라고 한다. 금리가 오르면 우리가 빌린 돈에 대한 비용이 비싸지고, 금리가 내리면 돈을 빌리는 비용이 싸지는 셈이다.

경제가 좋아지면 왜 금리가 오를까?

은행의 금리가 변하는 가장 큰 이유는 경제 상황과 깊게 연결되어 있기 때문이다. 경제가 좋아지고 기업들의 투자가 활발해지면, 사람들은 돈을 빌려서라도 투자를 하려 한다. 이처럼 경제가 활발해지면 돈을 빌리려는 수요가 늘어나고, 은행 입장에서는 한정된 돈을 더 많은 사람들이 빌리려고 경쟁하니까 자연스럽게 이자를 올리게 된다.

예를 들어, 경기가 좋아 많은 기업이 투자를 늘리고 사람들이 집을 사기 위해 주택담보대출을 많이 찾는다고 생각해보자. 이렇게 대출 수요가 늘어나면 은행은 이자율을 높여 더 많은 이익을 얻으려고 한다. 반대로 예금자들도 높은 이자를 받을 수 있기 때문에 은행에 돈을 맡기고 싶어진다. 결국 경제가 활발해지면 대출 금리뿐 아니라 예금 금리도 함께 오르는 것이다.

경제가 나빠지면 금리는 왜 내려갈까?

반대로 경기가 나빠지면 기업들이 투자를 줄이고 사람들도 돈 쓰는 것을 조심한다. 이렇게 되면 대출을 받아 투자하거나 소비를 늘리려는 사람들의 수요가 줄어들기 때문에, 은행은 돈을 빌려주는 이자율을 낮춰야 한다. 이자율을 낮추면 사람들이 상대적으로 돈을 빌리는 부담이 줄어들기 때문에 다시 투자나 소비를 늘릴 가능성이 높아진다.

예를 들어, 경기가 나빠지면 회사들이 새로운 투자를 망설이고 개인들도 큰돈을 빌리기를 꺼리게 된다. 이럴 때 정부와 중앙은행은 소비와 투자를 활성화하기 위해 기준금리를 낮추기도 한다. 그러면 은행도 기준금리에 따라 대출금리를 낮추고, 이 결과로 대출을 받아 소비나 투자를 하려는 사람이 다시 늘어나게 된다.

중앙은행은 어떻게 금리를 조절할까?

금리를 조절하는 중요한 역할을 하는 곳이 바로 '중앙은행'이다. 우리나라에서는 한국은행이 바로 이 역할을 한다. 한국은행은 경기가 너무 좋아 물가가 오르면 기준금리를 높이고, 경기가 안 좋아지면 기준금리를 낮춘다. 기준금리가 바뀌면 은행들이 고객들에게 제공하는 금리도 자연스럽게 따라서 바뀌게 된다.

예를 들어 한국은행이 기준금리를 1%에서 2%로 올리면 시중은행들도 이 기준에 따라 예금금리와 대출금리를 모두 올린다. 기준금리가 올라가면 은행에 돈을 맡긴 예금자는 더 높은 이자를 받지만, 대출을 받은 사람들은 이자 부담이 커진다. 이 때문에 소비자들은 돈을 빌려 쓰는 것을 신중히 하게 되고, 과열된 경제가 안정되는 효과를 얻을 수 있다.

금리가 올라가면 무엇이 바뀔까?

금리가 오르면 가장 먼저 나타나는 효과는 사람들이 돈을 덜 빌리게 된다는 점이다. 높은 이자를 부담하기 어려워지기 때문이다. 따라서 대출을 통해 집을 사거나 사업 투자를 하려는 사람이 줄어들게 된다. 이로 인해 부동산 가격 상승이 둔화되거나 기업들의 무리한 투자가 감소하면서, 경기가 지나치게 과열되는 것을 막을 수 있다.

또한, 금리가 상승하면 사람들은 돈을 쓰기보다 은행에 저축하는 것을 더 선호하게 된다. 예금 이자가 높아지면서 소비보다는 저축을 선택하는 경향이 강해지기 때문이다. 하지만 소비가 줄어들면 기업의 매출이 감소하고, 이는 경제 성장 둔화로 이어질 수 있다.

금리가 내려가면 경제에 어떤 변화가 생길까?

금리가 내려가면 사람들은 더 쉽게 돈을 빌릴 수 있기 때문에 소비나 투자가 활성화된다. 예를 들어 주택담보대출 이자가 내려가면 사람들은 부담 없이 집을 사려고 하고, 기업들도 저렴하게 돈을 빌려 설비를 늘리거나 새로운 사업을 시작한다. 이러한 현상은 경기 침체로 인해 어려움을 겪는 경제를 살리는 효과가 있다.

하지만 금리가 너무 오랫동안 낮게 유지되면 사람들은 지나치게 많은 빚을 내고, 부동산 가격이 급격하게 오르면서 '거품'이 생길 위험도 있다. 이러한 현상이 계속되면 나중에 금리가 다시 오를 때 경제적으로 큰 타격을 줄 수도 있다.

금리 변화를 이해하면 현명한 금융생활이 가능하다

결국 은행 이자가 오르고 내리는 이유는 경제 상황과 밀접한 관련이 있기 때문이다. 금리 변화를 잘 이해하면 우리는 돈을 저축하거나 빌릴 때 더 현명한 결정을 할 수 있다. 예를 들어 금리가 오를 것으로 예상되면 큰 금액의 대출은 신중히 하고, 금리가 내려갈 것으로 예상되면 적절한 시기에 주택 구입이나 투자를 준비할 수 있다.

금리를 이해하는 것은 경제를 더 깊이 이해하는 첫걸음이다. 앞으로 금리 변화 소식을 들을 때마다 경제 전체를 보는 안목이 생기고, 개인적으로도 보다 합리적이고 현명한 경제생활을 해나갈 수 있게 될 것이다.

14

SNS 인플루언서가 추천한
제품이 잘 팔리는 이유

SNS를 자주 사용하는 사람이라면 누구나 한 번쯤 유명 인플루언서가 제품을 소개하거나 추천하는 게시물을 본 적이 있을 것이다. 화장품, 건강식품, 옷, 전자기기 등 종류도 매우 다양하다. 놀라운 점은 그들이 추천한 제품이 실제로 금방 품절되는 경우가 많다는 것이다. 평소 그 제품에 관심이 없던 사람들도 인플루언서가 소개한 제품이라는 이유만으로 구매를 결심하는 경우가 적지 않다. 도대체 왜 사람들은 인플루언서가 추천한 제품을 믿고 구매하게 될까? 경제학에서는 이런 현상을 '**정보 비대칭**'과 '**마케팅 심리**'를 통해 설명한다.

정보 비대칭이란 쉽게 말해서, 제품에 대한 정보를 판매자와 소비자가 동등하게 가지고 있지 않은 상태를 말한다. 소비자는 제품을 살 때 항상 그 제품에 대해 모든 정보를 알지 못한다. 예를 들어 어떤 화장품이 피부에 정말 좋은지, 아니면 건강식품이 정말로 효과가 있는지 소비자는 정확히 알기 어렵다. 이처럼 판매자와 소비자 사이에 제품에 대한 정보 차이가 존재하면 소비자들은 구매 결정에서 확신을 얻기가 쉽지 않다. 바로 이럴 때, 사람들은 자신이 믿는 누군가가 추천한 정보를 신뢰하고 의지하게 된다.

인플루언서가 주는 신뢰감과 소비자의 선택

SNS 인플루언서가 제품을 소개하면 소비자들은 그 제품이 좋은 제품이라는 확신을 얻는다. 사람들은 인플루언서가 이미 충분히 제품을 사용해 보았고, 그 제품이 좋다고 판단했기 때문에 추천한다고 믿는다. 특히 SNS 인플루언서가 자신이 직접 사용하고 있는 모습이나, 솔직한 후기를 게시하면 소비자들은 더 강한 신뢰를 느끼게 된다.

예를 들어, 유명 뷰티 인플루언서가 자신이 사용하는 립스틱이나 크림을 소개할 때, 단지 광고라고 생각하기보다 '실제로 효과가 있나 보다' 하고 믿게 된다. 소비자들은 복잡한 정보를 직접 분석하는 대신, 이미 제품을 경험한 인플루언서의 추천을 보고 간편하게 구매 결정을 내리게 되는 것이다. 이렇게 믿을 만한 정보가 부족한 상황에서 인플루언서의 추천은 매우 강력한 영향을 미친다.

SNS 인플루언서가 마케팅에 강력한 이유

SNS 인플루언서가 마케팅에서 강력한 이유 중 하나는 바로 소비자와의 심리적 친밀감 때문이다. 소비자는 텔레비전 광고보다 SNS에서 자신과 친밀감을 느끼는 인플루언서가 소개하는 제품에 더 쉽게 공감하고 구매 욕구를 느낀다. SNS 인플루언서들은 자신들의 일상을 꾸준히 공유하고 소통하면서 팔로워와 친밀한 관계를 형성한다. 이 과정에서 소비자는 SNS 인플루언서를 마치 친구나 지인처럼 여기게 되고, 그들의 말에 자연스럽게 귀 기울이게 된다.

소비자가 잘 알지 못하는 제품을 구매할 때는 불확실성으로 인해 불안감을 느끼기 쉽다. 하지만 친숙한 인플루언서가 솔직한 평가와 경험담을 통해 제품을 소개하면 불확실성은 크게 줄어든다. 소비자는 친구가 소개해주는 제품을 믿듯이 인플루언서가 추천하는 제품을 믿고 구매하기 때문에, 이러한 형태의 마케팅은 전통적인 광고보다 더 효과적이고 즉각적인 성과를 거둘 수 있다.

정보 비대칭을 이용한 마케팅 전략

정보 비대칭을 이용한 마케팅 전략은 제품을 판매하는 기업들에게 매우 효과적이다. 소비자들은 제품에 대한 모든 정보를 확인할 수 없으므로, 신뢰할 수 있는 누군가의 의견을 따라가는 경향이 있다. 특히 소비자들이 제품을 선택하는 데 어려움을 느낄수록 인플루언서의 정보는 강력한 영향력을 발휘한다.

예를 들어, 건강보조식품 시장에서 정보 비대칭이 특히 심하다. 소비자들은 제품이 정말 효과가 있는지 과학적인 정보로 판단하기 어렵다. 이럴 때 신뢰받는 유명 인플루언서가 직접 섭취한 후 건강해진 경험을 공유하면, 소비자는 신뢰를 가지고 그 제품을 구매하게 된다. 소비자 입장에서는 믿을 만한 정보가 부족할 때 '권위 있는 사람의 추천'이라는 외부 신호에 크게 의존할 수밖에 없다.

정보를 얻기 어려운 소비자가 인플루언서를 믿는 이유

소비자는 모든 제품에 대해 스스로 정보를 얻고 분석하는 데 한계가 있다. 경제학적으로 보면, 소비자는 정보 수집에 드는 비용을 줄이기 위해 간단한 방법을 선택하려 한다. 이때 가장 쉽게 접근할 수 있고 믿을 수 있는 정보가 바로 SNS 인플루언서의 추천이다. 인플루언서는 이미 수많은 사람에게 검증받았기 때문에 소비자는 그들이 추천하는 제품을 '안전한 선택'으로 받아들이게 된다.

예를 들어, 새로운 화장품 브랜드가 있다고 가정하자. 소비자들은 이 브랜드가 얼마나 좋은지 일일이 조사하기 어렵다. 하지만 이 브랜드의 제품을 유명한 SNS 스인플루언서가 사용하고 있다고 하면, 소비자는 자연스럽게 해당 제품이 좋을 것이라고 생각하고 구매를 결정할 수 있다. SNS 인플루언서의 추천은 소비자들이 자신들의 선택에 확신을 가지게 하는 가장 빠르고 효율적인 정보가 된다.

소비자는 어떻게 대응해야 할까?

SNS 인플루언서가 추천하는 제품이 모두 좋은 것은 아니다. 소비자는 SNS 인플루언서들이 광고를 목적으로 추천을 하고 있을 수 있다는 점을 항상 인지해야 한다. 정보를 얻는 비용이 낮아지고 신속하게 소비 결정을 내릴 수 있다는 장점도 있지만, 때로는 과도한 신뢰가 오히려 충동구매나 불필요한 소비로 이어질 수 있다.

따라서 소비자들은 SNS 인플루언서의 추천을 무조건적으로 믿기보다는 그 정보가 객관적이고 신뢰할 만한지 추가적인 확인을 하는 것이 좋다. 제품에 대해 여러 정보를 함께 비교해보고, 다른 소비자의 의견도 함께 살펴보면서 합리적인 소비 결정을 내리는 것이 바람직하다. 정보 비대칭이 존재하는 시장에서는 인플루언서의 추천을 참고하면서도, 스스로의 기준과 판단을 유지하는 현명한 소비자가 되어야 할 것이다.

왜 연말마다 대형 할인 행사가 많을까?

매년 연말이 다가오면 백화점, 대형마트, 온라인 쇼핑몰까지 다양한 곳에서 대규모 할인 행사를 진행한다. 크리스마스 할인, 블랙프라이데이, 연말 세일 등 그 이름도 다양하다. 소비자 입장에서는 물건을 저렴하게 구입할 좋은 기회지만, 궁금한 점이 생긴다. 왜 하필 연말에 이렇게 많은 할인 행사가 집중되는 걸까? 여기에는 경제학에서 말하는 소비 심리와 기업들의 마케팅 전략이 숨어 있다.

연말은 경제학적으로 기업과 소비자 모두에게 특별한 의미가 있다. 기업들은 한 해 동안 판매하지 못한 재고를 처리해야 하고, 소비자들은 연말이라는 특별한 분위기 속에서 평소보다 더 쉽게 지갑을 열게 된다. 이러한 이유로 기업과 소비자의 이해관계가 맞아떨어지는 시기가 바로 연말인 것이다.

기업이 연말에 큰 폭으로 할인하는 이유 - 재고 정리

기업들이 연말에 할인을 많이 하는 첫 번째 이유는 바로 '재고 정리' 때문이다. 한 해 동안 생산하고 판매했던 상품들이 연말까지 팔리지 않고 남게 되면, 이 상품들을 보관하는 비용이 발생한다. 예를 들어, 겨울에 판매되지 않은 겨울옷을 다음 해 봄이나 여름까지 보관하게 되면, 창고 비용이나 관리비용이 추가로 들게 된다. 따라서 기업들은 연말을 맞아 큰 폭의 할인을 통해 남아있는 재고를 빠르게 정리하려고 노력한다.

예를 들어 백화점에서 겨울 외투를 연말에 최대 50~70%까지 할인하는 경우가 많다. 이런 큰 폭의 할인은 소비자 입장에서는 매우 매력적이며, 기업은 적은 이익이라도 빠르게 판매를 마쳐서 추가적인 관리 비용을 줄일 수 있게 된다. 즉, 기업 입장에서는 재고를 남기는 것보다 할인해서 빨리 파는 것이 더 이익이 되는 전략인 것이다.

소비자가 연말에 더 많이 구매하는 이유 - 심리적 소비 욕구 증가

소비자들이 연말에 물건을 더 많이 사는 이유는 **'소비 심리'**와 깊은 관련이 있다. 연말이라는 특별한 시기에는 크리스마스, 새해, 송년회 등 다양한 행사와 모임이 많아지고, 이로 인해 소비자들의 소비 욕구가 강해진다. 특히 사람들은 연말이라는 분위기 속에서 평소보다 마음이 들뜨고 기분이 좋아지면서 충동구매나 계획 외 소비를 하는 경우가 많다.

예를 들어, 연말에 열리는 크리스마스 세일이나 블랙프라이데이 같은 행사가 대표적이다. 소비자들은 할인된 가격을 보며 '지금이 아니면 이 가격에 살 수 없다'는 생각을 하게 된다. 기업은 이런 소비자의 심리를 잘 알고, 더 적극적으로 할인 마케팅을 펼쳐 소비를 촉진하는 것이다. 이 과정에서 소비자들은 평소보다 더 많은 제품을 구매하게 되고, 기업은 연말 매출을 크게 늘릴 수 있게 된다.

연말에 할인을 하면 기업에게 어떤 이득이 있을까?

연말 할인 행사는 단순히 재고를 줄이는 목적만 있는 것이 아니라 기업의 브랜드 이미지를 높이고 고객 충성도를 강화하는 목적도 있다. 큰 할인 행사를 진행하면 소비자는 해당 기업이나 브랜드에 대해 긍정적인 이미지를 갖게 되고, 향후에도 그 브랜드를 다시 찾을 가능성이 높아진다.

예를 들어 한 백화점이 연말에 큰 폭의 할인 행사를 하면, 소비자들은 백화점이 '소비자를 배려한다'는 느낌을 받고, 그 백화점에 대한 신뢰와 호감이 커진다. 또한 할인된 제품을 구매하면서 만족감을 느낀 소비자들은 다음 해에도 다시 해당 백화점을 찾게 되고, 결국 기업은 단기적으로 재고를 처리하면서 동시에 장기적인 고객 확보 효과를 얻을 수 있다.

연말 할인 행사와 기업 간 경쟁

연말에 할인 행사가 집중되는 또 다른 이유는 기업들 간의 경쟁이 치열하기 때문이다. 연말은 대부분의 소비자가 소비할 준비가 되어 있는 시기다. 이때 소비자들이 어느 기업의 제품을 선택하느냐에 따라 기업의 한 해 매출이 크게 달라질 수 있다. 그래서 기업들은 경쟁사보다 먼저, 그리고 더 강력한 할인 행사를 통해 소비자의 관심을 끌고자 한다.

예를 들어 전자제품 매장이나 온라인 쇼핑몰이 연말에 '최저가 보장'이나 '한정 수량 할인'과 같은 전략을 내세우는 것도 이 때문이다. 소비자들이 자신들의 매장에서 물건을 사도록 만들기 위해 더 좋은 조건의 할인 이벤트를 펼치는 것이다. 경쟁 기업들이 서로 더 좋은 조건으로 소비자를 유혹하다 보니, 소비자 입장에서는 더 좋은 가격으로 제품을 살 수 있는 기회가 되는 셈이다.

할인에도 현명한 소비가 필요한 이유

그러나 소비자 입장에서는 큰 할인에 너무 현혹되지 않도록 주의할 필요가 있다. 많은 소비자들이 큰 할인 폭을 보며 필요하지 않은 물건까지 충동적으로 구매하는 경우가 있다. 기업들은 소비자의 충동구매 심리를 잘 활용해 매출을 올리지만, 소비자 입장에서는 예산을 초과하거나 불필요한 소비가 될 수 있다.

따라서 연말 할인 행사를 즐기면서도, 소비자는 미리 필요한 상품을 정하고 합리적인 소비 계획을 세우는 것이 중요하다. 경제적으로 똑똑한 소비자는 할인 혜택을 누리면서도 자신에게 꼭 필요한 물건만 구매한다.

연말마다 할인 행사가 많은 이유는 소비자의 심리를 잘 이해한 기업들의 전략과 경제적 이유가 복합적으로 작용하기 때문이다. 소비자와 기업 모두 연말이라는 시기의 특성을 잘 활용하면, 소비자는 경제적으로 유리한 쇼핑을, 기업은 효율적인 재고 관리와 매출 증가를 동시에 달성할 수 있다.

16

'타임 세일'이 충동구매를 부르는 이유

쇼핑몰이나 백화점을 가다 보면, '지금부터 1시간 동안만 특별 할인!', '오늘 밤 10시까지 한정 판매!' 같은 문구를 자주 본 적이 있을 것이다. 이렇게 짧은 시간 내에만 구매할 수 있는 조건을 제시하는 방식이 바로 **'한정 시간 마케팅'**이다. 경제학에서는 이러한 전략을 소비자의 충동구매 심리를 자극하는 효과적인 방법이라고 말한다. 실제로 이 방법은 매우 효과적이어서 소비자들이 평소 계획에도 없던 상품을 서둘러 구매하게 만든다.

예를 들어, 한 온라인 쇼핑몰이 특정 브랜드의 신발을 50% 할인하는데, 그 할인 행사가 단 24시간 동안만 진행된다고 생각해 보자. 평소에는 신발이 필요 없었던 소비자도 이 소식을 듣자마자 '이번 기회를 놓치면 다시는 이런 가격에 못 사겠지'라는 생각에 급히 지갑을 열게 된다. 제한된 시간이 소비자에게 불안감을 만들어 소비를 촉진시키는 것이다.

희소성과 긴박감이 소비를 자극하는 이유

이러한 마케팅 전략의 핵심은 바로 '**희소성**'과 '**긴박감**'에 있다. 희소성은 쉽게 얻을 수 없거나 매우 한정된 상황을 말하며, 소비자는 희소한 것을 더 가치 있게 여기는 경향이 있다. 똑같은 물건이라도 "마지막 1개 남았다"는 말을 들으면, 소비자는 즉각적으로 구매 결정을 내려야 한다는 압박을 느끼게 된다. 특히 제한된 시간 안에 구매해야 한다는 조건까지 붙으면 긴박감이 더욱 강하게 느껴진다.

예를 들어, 온라인 쇼핑몰에서 '오늘 밤 자정까지 단 하루만 50% 할인!'이라는 문구를 보게 되면 소비자는 "나중에 생각하면 기회를 놓칠지 몰라"라는 생각이 든다. 이러한 심리적 압박감은 소비자에게 이성적인 판단을 미루게 하고 즉각적인 구매 행동을 촉진한다. 결국 소비자는 제한된 시간이라는 압박 속에서, 구매를 서둘러 결정하고 지출을 늘리게 된다.

한정 시간 마케팅이 잘 통하는 이유 – 심리적 비용과 기회비용

소비자들이 제한된 시간 내에 구매를 결정하는 또 다른 이유는 '**심리적 비용**'과 '**기회비용**' 때문이다. 심리적 비용이란, 소비자가 제품을 구매할지 말지 고민하면서 느끼는 불편한 감정과 스트레스를 의미한다. 한정된 시간 동안만 할인이나 특별 혜택을 준다는 조건이 붙으면 소비자는 이 조건을 놓치면 큰 손해를 볼 것 같다는 심리적 비용을 느끼게 된다.

예를 들어 백화점에서 "오늘 하루만 50% 할인"이라고 하면 소비자는 이 기회를 놓쳤을 때 더 비싼 가격으로 사야 하는 기회비용을 떠올린다. 나중에 동일한 상품을 더 비싼 가격에 구매하는 것이 아까워, 결국 할인 기간 안에 급하게 구매를 결정하게 된다. 이처럼 소비자들이 마감시간을 놓쳤을 때 느끼는 후회나 손실감을 피하기 위해 서둘러 구매를 하게 되는 것이다.

홈쇼핑과 온라인 쇼핑몰의 마케팅 전략

홈쇼핑이나 온라인 쇼핑몰에서 타이머를 보여주면서 "이제 5분밖에 남지 않았습니다!" 라는 말을 자주 들었을 것이다. 이는 타임 마케팅 전략을 가장 효과적으로 활용한 사례다. 실제로 홈쇼핑에서 시간 제한과 남은 상품의 개수를 화면에 띄워 놓으면 소비자들은 평소보다 훨씬 더 빠르게 주문 버튼을 누르게 된다.

이런 경우 소비자들은 자신이 놓치는 것이 무엇인지 구체적으로 확인하게 된다. 상품의 매력이 충분히 전달된 상태에서 시간까지 제한되면 소비자는 빠르게 결정할 수밖에 없다. 온라인 쇼핑몰에서도 '00시까지 주문하면 추가 할인을 준다'는 이벤트를 진행하면, 마감 시간이 가까워질수록 구매량이 급격히 늘어나는 현상을 볼 수 있다.

소비자는 어떻게 현명하게 대처해야 할까?

이런 한정 시간 마케팅은 소비자들에게 매우 매력적으로 보이지만, 무작정 따라가다 보면 불필요한 소비를 하게 될 수도 있다. 특히 긴박감에 의해 구매를 결정하면 나중에 후회하는 경우도 많다. 그렇기 때문에 소비자는 한정된 시간 안에 결정하라는 마케팅에 대해 한 번쯤은 의문을 가져야 한다.

합리적인 소비를 위해서는, 상품을 구매하기 전에 다음 질문을 스스로에게 던져봐야 한다. "이 상품이 정말로 필요한가?", "마감 시간이 없었다면 이 물건을 샀을까?" 만약 이 질문들에 대해 명확한 답을 내리지 못한다면, 잠시 숨을 돌리고 생각해보는 것도 좋다. 그래야만 불필요한 소비를 줄이고 진짜 자신에게 필요한 제품만을 구입할 수 있다.

소비자는 현명하게, 기업은 전략적으로

결국 한정된 시간 마케팅은 소비자의 충동구매를 유도하여 매출을 높이는 데 효과적인 전략이다. 제한된 시간이라는 조건이 소비자의 합리적인 판단을 흐리게 만드는 강력한 힘이 있기 때문이다. 하지만 소비자는 이런 마케팅 전략을 잘 이해하고 스스로의 소비 성향을 잘 파악한다면 현명한 소비를 유지할 수 있다.

한정 시간 마케팅은 소비자의 심리적 특성을 정확히 이해한 경제적 전략이다. 소비자는 기업의 전략을 이해하고 이를 잘 활용하면 더욱 합리적인 소비자가 될 수 있으며, 기업 또한 소비자의 특성을 잘 반영한 효율적인 마케팅으로 더 큰 성과를 얻을 수 있게 될 것이다.

중고차가 신차보다 비싸지는 경우도 있다?

보통 자동차를 살 때 많은 사람들은 중고차가 신차보다 훨씬 저렴하다고 생각한다. 실제로 자동차는 구매 후 사용하면 할수록 가격이 점점 내려가는 것이 일반적이다. 그런데 최근 몇 년 동안 이상한 일이 벌어졌다. 인기 모델의 중고차 가격이 신차보다 더 비싸게 팔리는 경우가 종종 발생했던 것이다. 도대체 왜 이런 이상한 현상이 나타나는 걸까? 사실 이 현상은 '희소성'과 '공급망 문제'라는 경제학적 개념을 통해 이해할 수 있다.

자동차의 가격은 수요와 공급이라는 경제 원리에 의해 결정된다. 신차 공급이 원활할 때는 중고차 가격이 내려가는 것이 일반적이지만, 신차 공급에 문제가 생기면 상황은 달라진다. 예를 들어 2020년부터 전 세계적으로 자동차 생산에 필수적인 반도체 칩 공급이 부족해지면서 신차 공급이 어려워졌다. 자동차 회사들이 차량 생산을 일시적으로 중단하거나 줄이자 소비자들이 신차를 구하기가 매우 힘

들어진 것이다.

공급망 위기와 자동차 부족 현상

공급망은 자동차 생산에 필요한 여러 가지 부품이나 원자재가 제조사까지 전달되는 과정을 말한다. 최근 코로나19 팬데믹으로 인해 전 세계 공급망이 혼란에 빠지면서 자동차 제조에 필요한 핵심 부품, 특히 반도체 부품이 부족해졌다. 이로 인해 자동차 제조 회사들은 공장을 멈추거나 생산량을 크게 줄일 수밖에 없었다. 심지어 일부 인기 모델은 주문해도 6개월에서 1년 이상 기다려야 받을 수 있게 되었다.

이처럼 신차가 충분히 공급되지 않으면 소비자들은 원하는 자동차를 즉시 구매하기 어렵다. 그런데 자동차를 당장 필요로 하는 사람들은 어쩔 수 없이 중고차 시장으로 눈을 돌리게 된다. 이렇게 신차 공급 부족으로 인해 중고차 수요가 급격히 늘어나면서 중고차 가격이 올라가는 현상이 발생한 것이다.

신차보다 비싼 중고차 - 사례를 통해 살펴보자

구체적인 사례를 살펴보면 이해가 쉽다. 최근 반도체 부족 사태 때 인기 모델이었던 특정 SUV 차량의 경우, 신차 출고까지 1년 이상 기다려야 했다. 이 차량을 꼭 사야 하는 소비자들은 기다릴 수가 없어서 중고차 시장에서 구입하려 했다. 하지만 중고차 시장에도 이 차량은 수요가 높아 가격이 올라가고 있었다.

결국, 원래 신차 가격이 4,000만 원이었던 SUV 차량이 중고차 시장에서 4,500만 원에 거래되기도 했다. 신차 가격보다 무려 500만 원이나 더 비싸게 중고차가 팔리는 현상이 나타난 것이다. 소비자들은 자동차를 당장 사용해야 했기 때문에 더 높은 가격에도 구매를 결정할 수밖에 없었다. 즉, 공급 부족 현상이 중고차 가격을 신차 가격보다 오히려 더 비싸게 만드는 역설적인 상황을 만든 것이다.

희소성의 원리가 가격을 높인다

경제학에서는 이런 현상을 '**희소성의 원리**'로 설명한다. 희소성은 특정 상품이 부족할수록 사람들의 소비 욕구가 강해지고 가격이 올라가는 현상을 말한다. 자동차의 공급이 충분하지 않을 때 소비자는 원하는 자동차를 얻기가 어렵고, 이렇게 공급이 부족한 상황에서는 희소성이 높아져 가격이 급등하게 된다.

희소성의 효과는 꼭 자동차에만 국한되지 않는다. 예를 들어 한정판 운동화나 명품 백과 같은 제품도 공급이 한정되어 있으면 오히려 중고품이 신제품보다 비싼 가격에 팔리는 경우가 많다. 소비자들은 희소한 제품을 구매할 때 추가 비용을 지불하더라도 꼭 그 제품을 가지려고 하기 때문이다.

이런 현상은 언제까지 계속될까?

공급 부족으로 인해 중고차 가격이 신차보다 비싸지는 현상은 공급망 문제나 경제적 충격이 해소될 때까지 지속될 수 있다. 반대로 공급망 문제가 해결되면 중고차 가격은 다시 정상적으로 돌아갈 가능성이 높다. 예를 들어 반도체 공급이 원활해지고 신차 생산이 정상화되면, 신차 공급이 늘어나고 중고차 수요가 자연스럽게 줄어들면서 가격도 내려간다.

즉, 이러한 현상은 공급 부족이라는 특수한 상황에서 발생하는 일시적인 현상일 가능성이 높다. 따라서 소비자는 중고차를 구매할 때 시장 상황을 잘 살펴보고 합리적인 결정을 내려야 한다. 중고차 가격이 신차보다 높은 상황에서는 무리하게 중고차를 구매하기보다는 조금 더 기다리거나 대체 차량을 선택하는 것이 더 나을 수 있다.

소비자가 기억해야 할 포인트

소비자들은 중고차 가격이 신차보다 비싸지는 상황을 이해하면 경제 원리를 좀 더 정확하게 파악할 수 있다. 공급과 수요라는 기본 경제 원리를 이해하면 중고차 가격이 비정상적으로 높아지는 이유가 쉽게 이해된다. 이렇게 경제학적 원리를 이해하면 소비자는 합리적인 의사결정을 내릴 수 있고, 무조건 높은 가격에 중고차를 사는 실수를 피할 수 있다.

중고차 가격이 신차보다 비싸지는 이유는 공급 부족과 희소성이라는 경제적 원리가 작용하기 때문이다. 시장의 특성과 공급망 문제를 이해하면 소비자는 가격 변화를 미리 예상하고 더 합리적인 선택을 할 수 있다. 이를 통해 소비자는 복잡한 경제 현상 속에서 보다 현명한 소비를 할 수 있을 것이다.

18

최저임금이 오르면 물가도 오를까?

최저임금은 정부가 정한 법적 최소한의 임금으로, 근로자가 일을 하고 받을 수 있는 가장 낮은 시급을 의미한다. 최근 몇 년 동안 우리나라에서도 최저임금이 꾸준히 올라 뉴스에서 자주 화제가 되었다. 그런데 이런 뉴스를 접할 때마다 많은 사람들은 궁금증을 가진다. 최저임금이 오르면 실제로 식당 음식값이나 편의점에서 판매하는 물건 가격이 오르는지, 또는 다른 물가에 어떤 영향을 미치는지 말이다. 최저임금과 물가의 관계는 경제학에서 자주 논의되는 주제이며, 현실적으로도 밀접한 연관성을 가지고 있다.

먼저, 최저임금이 오르면 물가가 올라갈 가능성이 높다는 주장부터 살펴보자. 최저임금이 올라가면 기업이나 자영업자는 인건비 부담이 커진다. 특히 식당, 편의점, 카페 등 소상공인이 운영하는 가게들은 매출 대비 인건비 비율이 매우 높은 편이다. 예를 들어, 편의점이나 카페에서 아르바이트생에게 지급하는 시급이 인상되면, 가게 주인은 이전보다 더 많은 임금을 지불해야 하므로 운영비가 올라간다.

운영비가 증가하면 자영업자들은 부담을 줄이기 위해 메뉴 가격이나 상품 가격을 인상할 수밖에 없다. 예를 들어 최저임금이 8,000원에서 9,000원으로 인상되었을 때, 많은 음식점에서 음식 가격을 500원~1,000원 정도 올린 사례가 있었다. 결국 최저임금이 올라가면, 일부 업종에서 판매 가격이 상승하는 현상이 발생할 수 있다.

최저임금 인상과 비용 상승의 연결고리

최저임금 인상이 물가 상승으로 이어지는 핵심적인 이유는 바로 기업의 '생산 비용 상승' 때문이다. 기업이 물건이나 서비스를 생산하는 데 드는 비용이 증가하면, 그만큼 제품 가격에 반영되어 소비자에게 전달된다. 특히 인건비는 서비스업이나 소상공인에게는 전체 비용에서 차지하는 비율이 크기 때문에 임금 상승은 직접적으로 가격 상승의 원인이 될 수 있다.

예를 들어, 한 식당에서 하루에 아르바이트생 두 명이 각각 5시간씩 근무한다고 생각해보자. 최저임금이 8,000원일 때 하루 인건비는 총 8만 원이지만, 최저임금이 1만 원으로 인상되면 하루 인건비가 총 10만 원으로 늘어난다. 한 달 기준으로 보면 상당한 비용 증가가 발생한다. 이런 비용 증가를 감당하기 위해 식당 주인은 음식 가격을 인상하거나, 인력 감축을 고려하게 되는 것이다.

모든 물가가 동일하게 오르는 것은 아니다

하지만 최저임금 인상이 모든 상품과 서비스의 가격을 똑같이 상승시키는 것은 아니다. 최저임금 인상으로 가장 크게 영향을 받는 곳은 노동력이 많이 필요한 서비스 업종이다. 반면 자동화나 기계화를 통해 생산이 이루어지는 제조업이나 기술 기반의 업종에서는 최저임금 인상이 물가에 미치는 영향이 상대적으로 작다.

예를 들어, 편의점이나 카페는 직원의 노동력이 중요하기 때문에 임금 인상이 즉각적으로 운영 비용을 올리고 가격 인상으로 이어진다. 반대로 대기업 공장에서 자동화된 설비로 대량 생산하는 전자제품의 경우 인건비 비중이 낮기 때문에 최저임금이 오르더라도 제품 가격에 미치는 영향은 제한적이다. 이처럼 최저임금 인상 효과는 업종에 따라 매우 다르게 나타난다.

최저임금 인상이 소비 증가로 이어질 수 있는 이유

한편으로는 최저임금 인상이 소비자의 구매력을 높여 경제에 긍정적인 효과를 줄 수도 있다. 임금이 오르면 근로자들의 소득이 증가하고, 소비할 수 있는 돈이 더 많아진다. 소비자가 지출을 늘리면 기업들의 매출이 증가하고, 장기적으로 경제가 성장할 수 있다는 이론도 있다.

예를 들어, 한 아르바이트생이 최저임금 인상으로 한 달에 받는 월급이 20만 원 늘었다면, 그 돈으로 쇼핑을 더 하거나 외식을 늘리게 된다. 이러한 소비 증가가 경제 전반에 긍정적인 효과를 줄 수도 있지만, 동시에 물가 상승 압력도 커질 수 있는 양면성을 가지고 있다. 따라서 임금 인상이 반드시 부정적인 결과만 가져오는 것은 아니다.

최저임금 인상으로 인한 고용 감소 가능성

반면 최저임금이 너무 많이 오르면 오히려 일자리가 줄어들 수 있다는 우려도 존재한다. 기업이나 자영업자는 인건비 부담을 견디지 못하고 고용 인원을 줄이거나 자동화 시스템을 도입하여 노동력을 대체하려 한다. 이럴 경우 고용이 감소하여 오히려 저소득 근로자들의 소득이 감소하는 부작용이 발생할 수 있다.

실제로 최저임금 인상이 급격하게 이루어졌던 해에 일부 편의점이나 소규모 사업장에서는 직원 수를 줄이고 무인 시스템을 늘리는 등 고용 감축이 발생하기도 했다. 즉, 최저임금 인상은 적정 수준을 벗어나면 오히려 저소득층 근로자에게 피해를 줄 수도 있다.

최저임금과 물가, 균형이 중요하다

결국 최저임금 인상이 물가에 미치는 영향은 단순한 원인이 아니라 여러 경제 요인이 복합적으로 작용한다. 적절한 수준의 최저임금 인상은 저소득층의 생활 수준을 개선하고 소비를 촉진하는 긍정적 효과가 있지만, 지나치게 빠르게 인상되면 오히려 고용 감소나 물가 상승 같은 부작용이 나타날 수도 있다.

따라서 최저임금 정책은 신중하게 결정되고, 경제 전반의 상황을 고려하여 점진적으로 조정되는 것이 바람직하다. 소비자들도 최저임금이 오를 때 물가가 함께 변할 수 있다는 것을 인지하고, 경제적 변화를 잘 이해하여 현명한 소비와 생활을 해나가는 것이 중요하다. 최저임금 인상과 물가 사이의 관계를 제대로 이해하면, 변화하는 경제 속에서도 현명하게 대응할 수 있을 것이다.

19

스타트업은 왜 적자여도
기업 가치가 높을까?

최근 뉴스나 기사를 보면 적자를 기록하고 있음에도 불구하고 매우 높은 기업 가치를 인정받는 스타트업이 자주 등장한다. 일반적으로 기업은 수익을 많이 내고 있어야 그 가치를 인정받는데, 왜 스타트업은 오히려 적자를 내도 높은 평가를 받을 수 있는 걸까? 이 질문에 답하기 위해서는 스타트업이 평가받는 방식이 기존 기업과 다르다는 점을 먼저 이해해야 한다. 스타트업의 가치는 현재의 수익보다는 미래 성장 가능성을 중심으로 평가된다.

스타트업은 아직 시장에 진입한 지 오래되지 않았고, 보통 초기 단계에서는 적자를 보면서도 공격적으로 투자를 진행한다. 예를 들어, 국내 유명 배달 앱이나 글로벌 전기차 제조사 같은 회사들은 설립 초기부터 상당 기간 적자를 기록했다. 그런데도 이들의 기업 가치는 수조 원에서 수십조 원에 이른다. 이는 현재의 이익보다는 앞으로의 성장 가능성과 미래 시장에서의 지배력을 투자자들이 높게 평가했기 때문이다.

스타트업은 왜 처음부터 흑자를 목표로 하지 않을까?

스타트업들이 처음부터 이익을 내지 못하는 가장 큰 이유는 '**시장 점유율 확대**'와 '**성장 속도**'를 가장 중요한 목표로 삼기 때문이다. 스타트업은 초기에 많은 돈을 투자하여 시장에서의 영향력을 최대한 빠르게 높이려고 한다. 빠르게 성장하지 않으면 경쟁 기업에 밀려 시장에서 도태될 수 있기 때문이다. 그래서 많은 스타트업은 초기에 큰 비용을 지출해서라도 고객을 빠르게 확보하고 시장을 선점하는 전략을 펼친다.

예를 들어, 한 유명 배달 앱 스타트업은 초창기부터 쿠폰이나 할인 이벤트에 막대한 자금을 투입했다. 처음에는 막대한 마케팅 비용으로 인해 큰 적자를 봤지만, 이 전략으로 빠르게 고객을 확보하고 시장에서 독보적인 1위가 되었다. 이후 경쟁자가 시장에 진입해도 이미 확보한 많은 고객 기반 덕분에 쉽게 흔들리지 않았다. 결국 장기적으로 봤을 때 초기의 적자가 오히려 미래의 큰 수익을 위한 투자로 작용한 것이다.

미래 성장 가능성에 투자하는 사람들

스타트업의 높은 기업 가치는 현재 상태가 아니라 미래의 성장 가능성에 대한 투자자들의 기대에서 나온다. 투자자들은 스타트업의 아이디어, 기술력, 시장에서의 잠재력을 평가하여 미래에 얼마나 성장할 수 있을지를 예측하고, 그 기대에 따라 기업 가치를 높게 책정한다. 즉, 현재의 이익보다 앞으로 얼마나 큰 시장을 차지하고 높은 수익을 낼 수 있을지에 대한 기대가 더 중요한 평가 기준이다.

대표적인 사례로, 글로벌 전기차 제조사인 테슬라가 있다. 테슬라는 초창기부터 수년간 적자를 기록했지만, 투자자들은 전기차 시장의 미래 성장 가능성과 테슬라의 기술력, 브랜드 가치를 높게 평가해 지속적으로 투자를 이어갔다. 결국 테슬라는 전기차 시장의 대표주자로 자리 잡았고, 이후 큰 흑자를 내기 시작하면서 초기 투자자들에게 막대한 수익을 안겨주었다.

기업 가치를 높이는 핵심 - 혁신성과 시장 지배력

스타트업의 기업 가치가 높은 이유 중 하나는 '**혁신성**'과 '**시장 지배력**' 때문이다. 스타트업은 기존에 존재하지 않던 새로운 기술이나 비즈니스 모델을 통해 시장을 바꾸는 혁신을 추구한다. 만약 스타트업이 시장에서 성공적으로 혁신을 이루면, 그 회사는 시장에서 독보적인 위치를 차지하게 되고, 막대한 이익을 낼 수 있게 된다. 이 때문에 투자자들은 스타트업의 혁신적인 아이디어나 기술력에 높은 점수를 주고, 이에 따라 기업 가치를 높게 평가한다.

예를 들어 글로벌 스트리밍 플랫폼인 넷플릭스는 처음 DVD 대여 사업으로 시작했지만, 이후 온라인 스트리밍이라는 혁신적인 서비스를 내놓으면서 엄청난 성장 가능성을 보여줬다. 초창기에는 지속적인 적자로 어려움을 겪었지만, 투자자들은 넷플릭스의 혁신적 모델과 시장 장악력 가능성을 보고 투자를 계속 이어갔다. 결과적으로 넷플릭스는 전 세계 스트리밍 시장의 강력한 리더로 성장하면서 엄청난 가치를 인정받게 되었다.

적자 스타트업에 투자하는 이유 - 성공하면 엄청난 보상

스타트업에 투자하는 투자자들이 현재의 적자를 감수하면서도 지속적으로 투자하는 이유는 성공했을 때 얻을 수 있는 보상이 엄청나기 때문이다. 스타트업 투자는 위험이 크지만, 성공할 경우 기존 기업 투자에 비해 훨씬 더 큰 수익을 얻을 수 있는 가능성이 있다. 경제학에서는 이를 '**위험-수익 상충관계**'라고 부르며, 위험을 감수할수록 더 높은 수익을 기대할 수 있음을 의미한다.

예를 들어, 초기 투자 단계에서 한 유명한 전자상거래 스타트업에 투자했던 투자자들은 당시 막대한 적자에도 불구하고 미래 성장 가능성을 믿고 투자를 유지했다. 결국 이 스타트업이 성공하여 세계 최대 전자상거래 회사로 성장하자, 초기 투자자들은 수십 배 이상의 투자 수익을 얻게 되었다. 이와 같은 사례가 많아지면서 투자자들은 스타트업의 단기적 적자보다 장기적인 성공 가능성에 더 큰 가치를 두는 것이다.

스타트업 투자는 결국 '미래'에 대한 투자다

결국 스타트업이 적자를 내면서도 기업 가치를 높게 인정받는 이유는 현재의 수익보다는 앞으로 얼마나 크게 성장할 수 있는지를 중심으로 평가받기 때문이다. 기업이 가진 혁신성, 시장 선점 가능성, 독보적인 경쟁력이 미래에 큰 이익으로 돌아올 것이라는 기대감이 반영되어 있다. 이로 인해 스타트업은 전통적인 기업 가치 평가 방식과 달리 미래 잠재력을 중심으로 가치를 평가받고, 투자자들은 높은 위험을 감수하면서도 스타트업에 투자하게 된다.

소비자나 투자자 입장에서는 스타트업의 높은 기업 가치를 이해하려면 바로 이 '미래 성장 가능성'이라는 핵심을 이해하는 것이 중요하다. 이를 통해 경제적 판단과 투자 결정에서도 더 현명한 선택을 할 수 있을 것이다.

(20)

돈을 모으는 사람은 뭘 다르게 할까?

같은 월급을 받으면서도 누군가는 꾸준히 저축을 하고, 또 누군가는 늘 돈이 부족하다고 말한다. 똑같은 조건이라면 왜 어떤 사람은 돈을 잘 모으고, 어떤 사람은 그렇지 못할까? 경제학적으로 보면, 이는 소득 자체보다는 개인의 **'경제 관념'**과 **'소비 습관'**의 차이에서 비롯된다. 돈을 잘 모으는 사람은 돈을 바라보는 관점 자체가 다르고, 평소 소비 습관도 매우 뚜렷한 차이를 보인다. 그들이 평소 어떻게 돈을 관리하는지 사례를 통해 자세히 살펴보자.

예산 계획을 철저히 세운다

돈을 잘 모으는 사람들은 기본적으로 매달 사용할 돈을 철저히 계획하고 관리한다. 이들은 수입과 지출을 명확하게 정리하고, 정해진 예산 내에서 소비하려고 노력한다. 반면 돈이 잘 모이지 않는 사람들은 자신이 얼마를 벌고 얼마를 쓰는지 정확히 모른 채 지출하는 경우가 많다.

예를 들어, 직장인 A씨는 매달 월급을 받으면 생활비, 저축, 투자 금액을 미리 정해 놓고 나머지 금액만을 지출하는 습관을 들였다. 반면, B씨는 월급을 받자마자 필요한 물건을 즉흥적으로 구입하고, 나중에는 돈이 부족해 신용카드를 자주 사용한다. 결국 A씨는 매달 정해진 금액을 꾸준히 저축하는 반면, B씨는 늘 부족한 생활비에 허덕이게 된다.

소비 전 '필요'와 '욕구'를 구분한다

돈을 잘 모으는 사람은 소비하기 전에 자신이 사려고 하는 물건이 정말 '필요한 것'인지, 아니면 단순히 '갖고 싶은 것'인지 구분하는 습관을 갖고 있다. 즉, 충동구매나 즉흥적인 소비를 최소화하고 합리적인 소비를 위해 노력한다.

예를 들어, 대학생인 C씨는 새로운 스마트폰 모델이 출시될 때마다 고민 없이 바꾸는 친구들과 달리, 자신의 휴대폰이 실제로 고장 나거나 성능이 현저히 떨어질 때까지는 바꾸지 않는다. 그는 단순히 최신 제품을 가지려는 욕구보다는 실제 필요에 따라 소비를 결정하기 때문에 꾸준히 돈을 모을 수 있었다. 이처럼 소비의 우선순위를 명확히 정하는 습관은 장기적으로 큰 저축 효과를 가져온다.

작은 지출도 무시하지 않는다

돈을 모으는 사람은 작은 지출도 소홀히 하지 않는다. 그들은 작은 금액이라도 쌓이면 큰 돈이 된다는 사실을 잘 알고 있다. 특히 습관적인 소액 지출을 관리하고 줄이면 놀라운 저축 효과를 얻을 수 있음을 알고 있다.

예를 들어, 직장인 D씨는 점심식사 후 습관처럼 커피숍에서 5천 원짜리 커피를 사서 마셨다. 하지만 그는 돈을 모으기 위해 커피를 직접 내려 마시거나 회사에서 제공하는 커피를 마시는 습관으로 바꿨다. 하루 5천 원이 절약되자, 한 달이면 15만 원, 1년이면 180만 원이라는 큰 금액을 저축할 수 있었다. 이처럼 작은 습관의 변화만으로도 큰 돈을 모으는 것이 가능해진다.

신용카드 사용을 신중히 한다

돈을 모으는 사람들은 신용카드를 사용할 때 매우 신중하다. 신용카드는 현금을 사용하지 않고도 소비할 수 있게 만들어 충동구매를 부르기 쉽기 때문이다. 돈을 잘 모으는 사람들은 카드를 사용하더라도 자신이 감당할 수 있는 범위 내에서만 사용하며, 매달 결제일에 반드시 전액을 상환한다.

예를 들어 직장인 E씨는 신용카드를 써도 항상 자신이 미리 정한 월 예산을 넘기지 않고, 청구서를 매달 꼼꼼히 확인해 낭비를 줄인다. 반면 F씨는 신용카드를 무분별하게 쓰다가 결국 결제일에 전액을 갚지 못하고 높은 이자를 부담하게 된다. 이렇게 되면 돈을 모으는 데 큰 장애물이 되기 때문에, 신용카드는 항상 신중하게 사용하는 습관을 기르는 것이 중요하다.

미래를 위한 저축과 투자를 우선한다

돈을 잘 모으는 사람들은 당장의 소비보다는 미래를 위한 저축과 투자에 우선순위를 둔다. 그들은 단기적인 만족보다 장기적인 목표를 달성하는 데 더 큰 가치를 두고 있다. 단순히 월급을 모으는 것뿐만 아니라 예금, 적금, 주식, 부동산 투자 등 다양한 방법을 통해 돈이 스스로 불어날 수 있도록 관리한다.

예를 들어, 직장인 G씨는 월급의 일정 금액을 자동이체로 저축하고, 일부 금액은 꾸준히 펀드나 주식에 투자하여 미래를 준비한다. 처음엔 작은 금액이지만 시간이 지날수록 복리 효과로 인해 큰 금액으로 불어난다. 이렇게 하면 단순히 현금을 모으는 것보다 훨씬 빠르게 돈이 증가하고, 시간이 지날수록 경제적 여유도 늘어난다.

경제 공부를 게을리하지 않는다

마지막으로 돈을 잘 모으는 사람들은 지속적으로 경제 관련 지식을 배우고 실천한다. 경제에 대한 지식이 많을수록 현명한 선택과 판단을 할 수 있기 때문이다. 단순히 저축만 하는 것이 아니라 돈을 효율적으로 관리하는 방법, 경제적 이슈 등을 꾸준히 학습한다.

예를 들어 대학생 H씨는 정기적으로 경제 관련 서적을 읽고 유튜브 강의나 온라인 교육 등을 통해 경제 지식을 꾸준히 익힌다. 이를 통해 그는 돈을 어떻게 저축하고 투자할지, 세금이나 금융 상품은 어떻게 활용할지를 정확히 이해하게 되었다. 이런 지식 덕분에 돈 관리에 자신감을 갖게 되었고, 결국 돈을 더 효과적으로 모을 수 있게 되었다.

수입을 늘리는 기회를 적극적으로 찾는다

돈을 잘 모으는 사람들은 단순히 지출을 줄이는 것뿐만 아니라, 수입을 늘리는 방법에도 집중한다. 안정적인 월급이나 수입에 만족하기보다는 추가적인 소득원을 만들기 위해 노력한다. 새로운 기술을 배우거나 부업을 시작하는 등 다양한 방식으로 경제적 여유를 확보한다.

예를 들어, 직장인 I씨는 본업 외에도 주말에는 자신의 전문성을 활용한 프리랜서 일을 하면서 추가 수입을 창출한다. 반면, J씨는 본업에만 의존하고 추가 수입을 고민하지 않다가 뜻하지 않은 경제적 위기에 처했을 때 대처하지 못했다. I씨는 여유 자금을 활용해 투자를 하고, 장기적으로 경제적 안정성을 키울 수 있었다.

돈을 잘 모으는 사람들은 특별한 비결이 있는 것이 아니라, 예산 관리, 소비 습관 조절, 신중한 카드 사용, 장기적인 투자와 학습 같은 기본적이고 꾸준한 경제 습관을 실천할 뿐이다. 이런 작은 습관의 변화가 장기적으로 큰 경제적 차이를 만들어 낸다.

3장

시장은 이렇게 움직여요!

시장은 어떻게 가격을 정할까?

우리가 매일 접하는 물건들의 가격은 어떻게 정해지는 걸까? 빵 한 개가 3,000원, 커피 한 잔이 5,000원, 자동차 한 대가 3,000만 원인 이유는 무엇일까? 이런 가격들은 단순히 기업이 마음대로 정하는 것이 아니라, 보이지 않는 힘에 의해 결정된다. 경제학에서는 이러한 원리를 '**보이지 않는 손**(Invisible Hand)'이라고 부른다. 이 개념은 시장에서 개별 경제 주체들이 각자의 이익을 위해 행동하지만, 결국 전체적으로 사회에 가장 적절한 가격과 생산량이 형성된다는 것을 의미한다.

시장 경제에서는 상품과 서비스의 가격이 공급자와 소비자의 상호작용에 의해 정해진다. 즉, 누군가 상품을 팔고 싶어 하는 것과 누군가 그 상품을 사고 싶어 하는 욕구가 만나는 지점에서 가격이 결정되는 것이다. 특정 상품의 가격이 너무 비싸다면 소비자들이 구매를 줄이게 되고, 가격이 너무 싸다면 기업들이 수익을 내기 어려워진다.

그래서 시장은 자연스럽게 균형 가격을 찾아가는 특성을 가진다.

보이지 않는 손이 작용하는 원리

보이지 않는 손이란, 애덤 스미스(Adam Smith)가 주장한 개념으로, 시장에서 개별 경제 주체들이 각자의 이익을 추구하면서도 결과적으로 사회 전체의 자원이 효율적으로 배분되는 현상을 의미한다. 이 원리는 개별 생산자와 소비자가 자유롭게 거래하는 과정에서 시장 가격이 형성되고, 자원이 효율적으로 배분된다는 점을 강조한다.

예를 들어, 한 카페에서 새로운 메뉴를 출시했다고 가정해보자. 처음에는 가격을 7,000원으로 책정했지만, 소비자들의 반응이 예상보다 좋지 않았다. 그러면 카페 주인은 가격을 낮춰 6,000원으로 조정할 것이다. 반대로, 만약 이 메뉴가 폭발적인 인기를 끌어 수요가 많아지면, 주인은 가격을 8,000원으로 올릴 수도 있다. 이렇게 시장에서 공급자와 소비자가 자율적으로 거래하는 과정에서 최적의 가격이 형성되는 것이다.

수요와 공급이 가격을 조절한다

보이지 않는 손이 작동하는 핵심 요소는 바로 수요와 공급이다. 수요란 소비자들이 특정 상품을 구매하고자 하는 욕구이며, 공급은 기업이 특정 상품을 시장에 제공하는 것이다. 이 두 가지 요소가 서로 맞물리면서 가격이 조정된다.

예를 들어, 인기 가수의 콘서트 티켓이 한정적으로 판매될 때를 생각해보자. 티켓을 원하는 팬들은 많지만 좌석 수는 제한적이기 때문에, 티켓 가격이 높게 형성된다. 반면, 수요가 낮고 공급이 많은 상품의 경우, 가격은 자연스럽게 낮아진다. 예를 들어, 특정 스마트폰이 너무 많이 생산되어 매장에 재고가 쌓이면 기업은 가격을 인하하여 소비자들이 더 많이 구매하도록 유도할 것이다.

이처럼 수요가 많아지면 가격이 올라가고, 공급이 많아지면 가격이 내려가는 방식으로 시장은 스스로 가격을 조절한다. 정부나 특정 단체가 개입하지 않아도 시장이 스스로 균형을 찾는 것이 보이지 않는 손이 작동하는 방식이다.

가격이 시장을 정리하는 역할을 한다

가격은 단순히 돈의 숫자가 아니라, 시장에서 중요한 신호 역할을 한다. 가격이 오르면 공급자는 더 많은 상품을 생산하려 하고, 소비자는 구매를 줄이려 한다. 반대로 가격이 내리면 소비자는 더 많이 소비하려 하고, 공급자는 생산량을 줄이려 한다.

예를 들어, 원유(석유) 가격이 급등하면 기업들은 자동차 연료 소비를 줄이기 위해 전기차 개발에 투자하게 된다. 동시에 소비자들도 연비가 좋은 차를 선호하거나 대중교통을 이용하는 빈도가 높아질 것이다. 이처럼 가격의 변동은 시장에서 자연스럽게 새로운 흐름을 만들어내며, 경제 주체들은 이에 맞춰 적응하게 된다.

이런 원리가 잘 작동하면 시장은 수요와 공급의 균형을 맞추며 지속적으로 성장할 수 있다. 하지만 시장이 과도하게 왜곡되거나, 외부적인 충격이 발생할 경우 균형이 무너질 수도 있다.

가격 조정이 어려운 경우도 있다

보이지 않는 손이 항상 완벽하게 작동하는 것은 아니다. 시장이 자연스럽게 가격을 조정하기 어려운 경우도 있다. 대표적인 사례가 공공재(예 : 도로, 공원)나 필수재(예 : 의약품, 교육)이다. 이런 상품들은 단순한 수요와 공급 논리로만 가격을 정하기 어렵기 때문에, 정부가 개입하여 가격을 조정하는 경우가 많다.

예를 들어, 의약품 가격이 너무 높아지면 경제적으로 어려운 사람들은 치료를 받기 어려워질 수 있다. 그래서 많은 나라에서는 의약품 가격을 일정 수준으로 유지하도록 규제하고 있다. 마찬가지로, 대중교통 요금도 시장 논리만으로 가격을 정할 경우, 너무 높은 가격으로 인해 서민들이 이용하기 어려울 수도 있다. 이런 경우 정부가 개입하여 가격을 조정하는 것이다.

또한, 독점 기업이 존재할 경우에도 가격이 왜곡될 수 있다. 만약 특정 기업이 시장을 독점하고 있다면, 경쟁이 없기 때문에 소비자에게 불리한 가격이 형성될 가능성이 높아진다. 예를 들어, 한 도시에서 유일한 수도회사가 있다면, 이 회사는 경쟁자가 없기 때문에 요금을 계속 올릴 수도 있다. 이런 상황에서는 정부의 개입이 필요할 수 있다.

시장 경제에서 가격이 가지는 의미

시장 경제에서 가격은 단순한 숫자가 아니라, 경제 주체들에게 중요한 정보를 제공하는 신호 역할을 한다. 가격이 높아지면 공급자는 더 많이 생산하려 하고, 소비자는 소비를 줄이려 한다. 반대로 가격이 낮아지면 소비자는 소비를 늘리고, 공급자는 생산량을 줄인다.

보이지 않는 손은 이러한 시장 원리를 통해 스스로 조절 기능을 하며, 효율적인 자원 배분을 가능하게 한다. 그러나 모든 경우에 시장이 완벽하게 작동하는 것은 아니며, 정부나 외부 요인의 개입이 필요할 수도 있다. 시장 가격이 어떻게 결정되는지 이해하면, 우리는 경제의 움직임을 더 잘 파악할 수 있고, 더 합리적인 소비와 투자를 할 수 있게 된다.

가격이 결정되는 과정은 단순한 숫자의 문제가 아니라 시장 내 수많은 경제 주체들의 행동이 반영된 결과다. 이 원리를 잘 이해하면, 시장이 왜 특정 방식으로 움직이는지, 그리고 우리의 경제 생활이 어떻게 영향을 받는지를 더 명확하게 알 수 있다.

돈이 돌면 경제가 산다!

경제가 성장한다는 말은 무엇을 의미할까? 뉴스에서 "올해 경제성장률이 3%에 이를 전망"이라는 이야기를 들으면, 단순히 숫자가 늘어났다는 의미일까? 경제 성장이라는 개념은 단순히 돈이 많아지는 것이 아니라, 전체적으로 사람들이 더 많은 재화와 서비스를 생산하고 소비하는 과정을 의미한다. 경제가 성장하려면 여러 가지 요소가 필요하지만, 그중에서도 가장 중요한 원리는 돈이 계속해서 순환해야 한다는 점이다.

어떤 경제든 돈이 멈추지 않고 계속해서 돌면 경제가 활성화되고, 새로운 일자리와 부가가치가 창출된다. 반대로 돈이 한곳에만 쌓이거나, 소비와 투자가 줄어들면 경제는 침체된다. 그렇다면 경제 성장의 원리는 어떻게 작동하는지, 그리고 왜 돈이 돌면 경제가 살아나는지 알아보자.

돈이 돌지 않으면 경제가 침체된다

경제에서 돈이란 단순한 종이조각이 아니다. 돈은 사람들이 상품과 서비스를 교환하는 수단이며, 경제 활동을 활발하게 만드는 핵심 요소다. 경제가 활발할 때는 돈이 빠르게 돌고, 기업들은 상품을 만들고 사람들은 소비를 한다. 하지만 만약 사람들이 지출을 줄이고 소비를 하지 않는다면, 기업들도 매출이 줄어들어 생산을 축소할 수밖에 없다. 이렇게 되면 직원들의 임금이 줄어들고, 다시 소비가 위축되는 악순환이 발생한다.

예를 들어, A라는 사람이 카페에서 커피 한 잔을 샀다고 가정해보자. 이 돈은 카페 주인의 수익이 되고, 카페 주인은 이 돈으로 직원들에게 급여를 지급하며, 원두와 우유를 구매한다. 카페 직원들은 급여를 받아 다른 곳에서 소비를 하게 되고, 원두를 납품하는 업체도 매출이 증가하여 농가에서 추가로 원두를 확보하게 된다. 이렇게 경제는 하나의 큰 흐름을 이루며 계속해서 순환한다.

하지만 만약 사람들이 불황을 걱정하여 소비를 줄이면, 카페 주인은 매출이 감소하고 직원 수도 줄여야 한다. 직원들의 소득이 줄어들면 또다시 소비가 감소하는 악순환이 발생한다. 이처럼 돈이 멈춰버리면 경제는 침체되고, 기업과 가계 모두 어려움을 겪게 된다.

소비와 투자가 경제를 성장시킨다

경제가 성장하기 위해서는 두 가지 핵심 요소가 필요하다. 하나는 소비이고, 다른 하나는 투자다. 소비는 사람들이 자신이 번 돈을 사용하여 재화와 서비스를 구매하는 것을 의미하고, 투자는 기업이나 정부가 새로운 사업을 위해 돈을 지출하는 것을 의미한다.

예를 들어, 한 사람이 새로 출시된 스마트폰을 구매한다고 가정해 보자. 그러면 스마트폰 제조사는 제품 수요 증가에 맞춰 생산을 조정하고, 향후 새로운 모델 개발을 위한 연구도 진행할 것이다. 이 과정에서 부품 공급업체, 물류업체, 광고업체 등 다양한 산업이 영향을 받으며 돈이 돌게 된다.

투자도 마찬가지다. 기업이 새로운 공장을 짓거나, 새로운 기술을 개발하기 위해 연구를 진행하면 더 많은 사람이 고용되고, 경제 전체에 긍정적인 영향을 미친다. 예를 들어, 한 도시에서 대형 쇼핑몰을 건설하면 건설업체가 돈을 벌고, 이후 쇼핑몰이 운영되면서 수많은 일자리가 창출된다. 이처럼 투자가 이루어지면 경제는 더욱 활발해지고 성장할 수 있다.

돈이 도는 속도, 경기 활성화의 핵심

경제학에서는 돈이 얼마나 빠르게 순환하는지를 나타내는 개념을 '화폐 유통 속도'라고 한다. 쉽게 말해, 돈이 한 번 사용되고 나서 다시 사용되기까지의 시간을 의미한다. 돈이 빠르게 돌수록 경제는 활기를 띠고, 돈이 잘 돌지 않으면 경제가 침체된다.

예를 들어, 한 사람이 10만 원을 받았다고 가정해 보자. 이 사람이

이 돈을 바로 옷을 사는 데 쓴다면, 옷가게 주인은 그 돈으로 재료를 사거나 다른 곳에 소비할 것이다. 하지만 만약 이 사람이 10만 원을 사용하지 않고 은행에만 넣어둔다면, 돈의 흐름이 느려지고 경제에 미치는 영향도 줄어든다.

그렇기 때문에 정부나 중앙은행은 경제가 침체될 때 사람들에게 돈을 더 많이 쓰도록 유도하는 정책을 시행한다. 예를 들어, 금리를 낮추거나 세금을 감면하면 기업과 소비자들이 더 많은 돈을 사용하게 되고, 이는 경제 성장으로 이어진다.

정부는 어떻게 경제 성장을 돕나?

경제가 침체될 때 정부는 다양한 방법을 통해 경제 성장을 촉진하려 한다. 대표적인 방법은 재정 정책과 통화 정책이다.

1. 재정 정책

정부가 직접 돈을 써서 경제를 활성화하는 방법이다. 예를 들어, 도로를 새로 건설하거나 공공기관에서 사람을 고용하면 그만큼 돈이 돌게 된다. 정부가 대규모 건설 사업을 시작하면 건설업체가 돈을 벌고, 건설업체의 직원들도 급여를 받아 소비를 하게 된다.

2. 통화 정책

중앙은행이 금리를 낮추거나 시중에 돈을 더 공급하는 방법이다.

금리가 낮아지면 대출이 쉬워지고 기업과 개인이 돈을 더 많이 쓸 수 있게 된다. 예를 들어, 금리가 낮아지면 사람들이 대출을 받아 집을 사거나 사업을 시작할 가능성이 커진다.

이처럼 정부와 중앙은행은 경제 성장에 중요한 역할을 하며, 경제가 침체되지 않도록 돈의 흐름을 조절하는 역할을 한다.

경제 성장은 모두에게 이득이 된다

경제가 성장하면 기업은 더 많은 이익을 창출할 수 있고, 이는 다시 일자리 증가로 이어진다. 사람들이 일자리를 얻으면 소득이 늘어나고, 다시 소비가 증가하면서 경제가 더욱 활성화된다. 이렇게 경제는 하나의 순환 구조 속에서 성장해 나간다.

하지만 경제 성장이 지나치게 빠르면 인플레이션(물가 상승)이라는 문제가 발생할 수 있고, 너무 느리면 경기 침체가 일어날 수 있다. 따라서 적절한 경제 성장 속도를 유지하는 것이 중요하며, 이를 위해 정부와 기업, 소비자 모두의 역할이 필요하다.

돈이 계속 움직여야 경제가 살아난다

결국 경제 성장은 단순한 숫자가 아니라, 돈이 얼마나 활발하게 돌고 있는지에 달려 있다. 소비와 투자가 이루어지고, 돈이 순환할 때 경제는 활력을 얻고 성장할 수 있다. 사람들이 소비를 줄이면 경제는 위축되고, 기업이 투자를 하지 않으면 새로운 성장 기회가 사라진다.

그렇기 때문에 개개인도 경제 성장에 중요한 역할을 한다. 우리가 소비를 하거나, 기업이 새로운 투자를 하거나, 정부가 정책을 시행하는 모든 과정이 경제 성장의 한 부분을 담당하고 있다. 돈이 돌면 경제가 산다는 원리를 이해하면, 경제가 왜 중요한지, 그리고 우리가 어떤 역할을 할 수 있는지 더 깊이 이해할 수 있을 것이다.

기업들은 왜 경쟁할까?

기업들은 끊임없이 경쟁한다. 슈퍼마켓에서 파는 음료부터 최신 스마트폰까지, 같은 시장에서 여러 기업이 서로 더 많은 고객을 확보하려고 노력한다. 왜 기업들은 이렇게 치열하게 경쟁하는 것일까? 그리고 경쟁이 없어진다면 어떤 일이 벌어질까? 경쟁과 독점의 차이를 이해하면, 시장이 어떻게 움직이는지 그리고 소비자에게 어떤 영향을 미치는지를 더 쉽게 알 수 있다.

경쟁이란 무엇인가?

경제에서 경쟁이란 여러 기업이 같은 시장에서 소비자들에게 제품과 서비스를 제공하기 위해 서로 경쟁하는 과정을 의미한다. 경쟁이 존재하면 기업들은 더 좋은 품질의 제품을 만들고, 가격을 낮추며, 소비자들에게 더 나은 혜택을 제공하려 한다.

예를 들어 스마트폰 시장을 생각해보자. 애플, 삼성, 샤오미 등 여러 기업이 같은 시장에서 경쟁하면서 더 좋은 성능의 스마트폰을 개발하고, 가격을 조정하며, 새로운 기술을 도입한다. 만약 한 기업만 스마트폰을 만든다면, 소비자들은 선택의 여지가 없고, 제품 가격이 높아질 가능성이 크다.

경쟁은 단순히 기업 간 싸움이 아니라, 소비자에게 더 많은 선택권과 이익을 제공하는 중요한 경제 원리다.

경쟁이 기업에게 미치는 영향

기업이 경쟁을 하면 단순히 가격을 낮추는 것 이상으로 다양한 효과가 나타난다.

첫째, 혁신이 촉진된다.

기업들은 경쟁에서 살아남기 위해 더 좋은 제품을 개발해야 한다. 만약 경쟁이 없다면 기업들은 굳이 더 나은 제품을 만들 필요가 없을 것이다. 하지만 경쟁이 치열한 시장에서는 새로운 기술과 아이디어가 끊임없이 등장한다.

예를 들어, 과거에는 휴대폰에 버튼이 있었지만, 경쟁이 치열해지면서 터치스크린이 등장하고, 이후에는 카메라 기술, 배터리 성능, AI 기능 등이 빠르게 발전했다. 소비자들은 경쟁 덕분에 더 좋은 기술을 더 빨리 접할 수 있게 된 것이다.

둘째, 가격이 조절된다.

경쟁이 있으면 기업들은 가격을 쉽게 올릴 수 없다. 만약 A기업이 비슷한 제품을 B기업보다 더 비싸게 판다면 소비자들은 당연히 더 저렴한 B기업의 제품을 선택할 것이다.

예를 들어 편의점에서 파는 삼각김밥이 1,500원인데, 한 편의점이 가격을 2,000원으로 올린다면 소비자들은 다른 편의점에서 더 저렴한 제품을 살 것이다. 결국 기업들은 소비자의 선택을 받기 위해 합리적인 가격을 유지할 수밖에 없다.

셋째, 소비자 서비스가 향상된다.

기업들은 고객을 잃지 않기 위해 더 나은 서비스를 제공하려 노력한다. 예를 들어, 항공사들이 경쟁을 하면 서비스 수준이 향상되고, 인터넷 쇼핑몰들이 경쟁을 하면 빠른 배송 서비스가 제공되는 것처럼, 기업들은 소비자를 만족시키기 위해 더 많은 노력을 하게 된다.

독점이란 무엇인가?

경쟁과 반대되는 개념이 바로 독점(monopoly)이다. 독점이란 한 기업이 시장을 완전히 장악하여 경쟁자가 없는 상태를 의미한다.

독점이 발생하면 기업은 가격을 자유롭게 조정할 수 있고, 품질 개선에 대한 압박도 덜 받는다. 소비자들은 다른 선택지가 없기 때문에 기업이 제공하는 제품이나 서비스를 비싸게 사야만 한다.

대표적인 독점 사례로는 과거 미국의 석유 기업 스탠더드 오일(Standard Oil)이 있다. 이 회사는 19세기 말에 미국의 석유 시장을 독점하면서 가격을 마음대로 조정할 수 있었다. 결국 정부가 개입해 회사를 여러 개로 나누는 조치를 취했다.

독점이 소비자에게 미치는 영향

독점이 발생하면 소비자들은 다양한 부정적인 영향을 받을 수 있다.

첫째, 가격이 상승한다.

경쟁이 없으면 기업은 가격을 자유롭게 올릴 수 있다. 예를 들어, 한 도시에서 유일한 전기 회사가 존재한다면, 이 회사는 소비자들이 전기를 사용할 수밖에 없다는 사실을 알고 있기 때문에 전기 요금을 높일 수 있다.

둘째, 품질이 낮아진다.

경쟁이 있으면 기업들은 더 좋은 품질을 제공하려 노력하지만, 독점 기업은 이런 압박이 없기 때문에 굳이 품질을 개선하지 않아도 된다. 예를 들어, 독점적인 인터넷 서비스 제공업체가 있다면, 인터넷 속도가 느려도 경쟁사가 없기 때문에 소비자들은 어쩔 수 없이 그 서비스를 이용해야 한다.

셋째, 소비자의 선택권이 줄어든다.

경쟁이 있는 시장에서는 소비자들이 다양한 제품을 비교하고 자신에게 맞는 것을 선택할 수 있지만, 독점 시장에서는 소비자들이 선택할 수 있는 옵션이 제한된다.

정부는 독점을 어떻게 막을까?

독점이 심해지면 정부가 개입하여 시장을 조정하는 경우가 많다.

이를 반독점법(Antitrust Law) 또는 공정거래법이라고 부른다.

대표적인 예로, 미국 정부는 1990년대에 마이크로소프트 (Microsoft)가 윈도우 운영체제를 독점적으로 사용하도록 강요했다고 판단하여 소송을 제기한 적이 있다. 또한, 우리나라에서도 대기업들이 불공정한 방법으로 시장을 독점하는 것을 막기 위해 공정거래위원회가 규제를 시행하고 있다.

경쟁과 독점, 균형이 필요하다

모든 시장에서 경쟁이 좋은 것은 아니다. 지나친 경쟁은 기업들에게 부담을 주고, 때로는 질 낮은 제품이 난립할 수도 있다. 반면, 독점도 지나치면 소비자에게 피해를 줄 수 있다. 따라서 정부는 시장을 조정하여 지나친 독점을 막으면서도, 기업들이 적절한 경쟁을 할 수 있도록 유도해야 한다.

예를 들어, 인터넷 검색 시장에서 구글이 강력한 점유율을 가지고 있지만, 다른 검색 엔진들도 존재하기 때문에 완전한 독점은 아니다. 반면, 에너지 시장이나 수도 사업처럼 독점이 불가피한 경우에는 정부가 요금을 조정하고 소비자 보호 장치를 마련하는 방식으로 균형을 유지한다.

경쟁이 있어야 시장이 움직인다

결국 시장이 원활하게 돌아가기 위해서는 적절한 경쟁이 필요하다. 경쟁이 있으면 기업들은 더 나은 제품을 만들고, 가격을 합리적으로 조정하며, 소비자들에게 더 나은 서비스를 제공하려 노력한다. 반면 독점이 발생하면 소비자들은 높은 가격을 지불해야 하고, 선택권이 줄어들며, 품질 개선이 이루어지지 않을 위험이 있다.

따라서 건강한 시장을 유지하려면 경쟁과 독점의 균형을 잘 맞추는 것이 중요하며, 정부의 역할도 필요하다. 소비자로서 우리는 이런 원리를 이해하면 보다 합리적인 선택을 할 수 있고, 기업과 시장이 어떻게 움직이는지 더 깊이 이해할 수 있을 것이다.

정부가 경제에 개입하면 무슨 일이 생길까?

우리는 시장이 자유롭게 운영될 때 가장 효율적이라고 배운다. 하지만 현실에서는 정부가 경제에 개입하는 경우가 많다. 최저임금을 결정하거나, 세금을 부과하거나, 기업의 독점을 규제하는 것 모두 정부의 경제 개입이다. 그렇다면 시장이 스스로 조절하지 못하는 이유는 무엇일까? 그리고 정부가 경제에 개입하면 어떤 변화가 생길까? 시장 실패와 정부 개입의 필요성, 그리고 그 영향에 대해 자세히 알아보자.

시장은 왜 항상 효율적으로 움직이지 않을까?

이론적으로 시장 경제는 수요와 공급의 원리에 따라 자연스럽게 균형을 찾아간다. 하지만 현실에서는 시장이 완벽하게 작동하지 않는 경우가 많다. 이를 '**시장 실패**(Market Failure)'라고 부른다. 시장 실패란 시장이 자원을 효율적으로 배분하지 못하는 상황을 뜻한다.

예를 들어, 한 도시에 대중교통이 없다고 가정해보자. 민간 기업들은 돈이 되는 지역에만 버스를 운행하려 하고, 상대적으로 수익성이 낮은 지역은 버스가 다니지 않게 된다. 그러면 그 지역 주민들은 이동할 방법이 없어 불편을 겪게 된다. 이런 경우, 정부가 나서서 대중교통을 운영하거나 보조금을 지급해 시민들의 이동권을 보장해야 한다.

이처럼 시장이 모든 문제를 해결하지 못할 때, 정부가 개입하여 균형을 맞추려 한다.

시장 실패가 발생하는 이유

시장 실패는 여러 가지 이유로 발생한다. 대표적인 원인을 살펴보자.

공공재 문제 – 도로와 공원은 왜 정부가 관리할까?

공공재란 모든 사람이 사용할 수 있지만, 기업이 공급하기 어려운 재화를 의미한다. 예를 들어, 도로, 공원, 가로등 같은 것들이 있다.

만약 도로 건설을 민간 기업에 맡긴다면, 기업은 수익이 나지 않는 도로는 만들지 않을 가능성이 크다. 하지만 도로는 사회 전체적으로 꼭 필요한 인프라다. 이런 경우 정부가 나서서 도로를 건설하고, 세금을 통해 유지하는 것이다.

공공재는 개인이 비용을 지불하지 않고도 이용할 수 있기 때문에 '무임승차 문제(Free Rider Problem)'가 발생한다. 예를 들어, 모든 사람이 공원을 이용하면서도 공원 유지비를 내고 싶어 하지 않는다면, 결국 공원은 제대로 관리되지 못할 것이다. 이를 해결하기 위해 정부는 세금을 걷어 공공재를 유지한다.

외부효과 – 내 소비가 다른 사람에게 영향을 미칠 때

외부효과(Externality)는 한 사람의 행동이 다른 사람에게 영향을 미치지만, 시장 가격에 반영되지 않는 경우를 의미한다.

예를 들어, 한 공장이 강에 오염 물질을 배출한다고 가정하자. 공장은 비용을 절감하기 위해 폐수를 정화하지 않고 그대로 버릴 수 있지만, 이로 인해 하류 주민들이 깨끗한 물을 사용할 수 없게 된다. 이런 부정적 외부효과를 막기 위해 정부는 공장에 환경 규제를 적용하고, 폐수 배출에 대한 세금을 부과할 수 있다.

반대로 긍정적인 외부효과도 있다. 예를 들어, 어떤 사람이 예방접종을 맞으면 그 사람뿐만 아니라 주변 사람들도 간접적으로 질병에 걸릴 확률이 낮아진다. 이런 경우 정부는 예방접종을 무료로 제공하여 더 많은 사람들이 접종을 받도록 유도할 수 있다.

정부는 어떻게 경제에 개입할까?

정부는 시장 실패를 해결하기 위해 여러 가지 경제 정책을 시행한다. 대표적인 정책을 살펴보자.

1. 세금과 보조금 – 가격을 조절하는 방법

정부는 세금을 통해 기업과 소비자들의 행동을 조정할 수 있다.

예를 들어, 술이나 담배 같은 제품에는 높은 세금이 붙는다. 이는 가격을 올려 소비를 줄이기 위한 조치다. 반대로, 전기차 구매자에게 보조금을 지급하는 것은 친환경 자동차 보급을 늘리기 위한 정책이다.

세금과 보조금은 단순히 정부의 수입을 늘리기 위한 것이 아니라, 사회적으로 바람직한 방향으로 시장을 유도하는 역할을 한다.

2. 독점 규제 - 기업이 시장을 장악하지 못하게 막는다

정부는 기업이 시장을 독점하여 소비자들에게 불이익을 주지 않도록 감시한다.

예를 들어, 한 통신사가 시장을 독점하면 요금을 마음대로 올릴 수 있기 때문에, 정부는 경쟁을 촉진하기 위해 다른 통신사들이 시장에 진입할 수 있도록 지원한다.

우리나라의 공정거래위원회 같은 기관이 바로 이런 역할을 한다. 독점이 소비자에게 피해를 주지 않도록 시장을 감시하고, 불공정한 경쟁을 방지하는 것이다.

3. 최저임금과 노동법 - 노동자를 보호하는 정책

기업들은 비용 절감을 위해 임금을 낮추려고 할 수도 있다. 하지만 임금이 지나치게 낮아지면 노동자들의 생활 수준이 하락하고, 소비가 줄어 경제가 위축될 수도 있다.

이를 방지하기 위해 정부는 최저임금제를 시행한다. 최저임금제는 노동자들이 최소한의 생활을 유지할 수 있도록 보장하는 정책이다. 다만 최저임금이 너무 높아지면 기업들이 고용을 줄이는 부작용이 발생할 수도 있다. 따라서 정부는 최저임금을 조정할 때 경제 상황을 종합적으로 고려해야 한다.

정부 개입의 장점과 단점

정부의 경제 개입은 많은 장점을 가지고 있지만, 때때로 부작용을 초래할 수도 있다.

장점

1. 시장 실패를 보완 – 공공재를 제공하고 외부효과를 조정하여 경제가 원활하게 작동하도록 한다.
2. 소득 재분배 – 세금과 복지를 통해 빈부 격차를 줄일 수 있다.
3. 경제 안정화 – 경기 침체 시 정부가 돈을 풀어 소비를 촉진할 수 있다.

단점

1. 정부의 비효율성 – 지나친 개입은 관료주의를 초래할 수 있다.
2. 부작용 가능성 – 잘못된 정책은 시장의 효율성을 해칠 수 있다.
3. 재정 부담 증가 – 공공재와 복지 정책을 위한 세금이 과도하게 증가할 수도 있다.

정부 개입과 시장의 균형

결국 정부 개입은 시장의 균형을 유지하기 위한 도구다. 너무 많은 개입은 시장의 자율성을 해칠 수 있지만, 완전한 자유방임 경제도 현실적으로는 유지되기 어렵다.

정부와 시장은 서로 보완적인 관계이며, 상황에 따라 적절한 조정이 필요하다. 소비자로서 우리는 정부의 경제 정책이 어떻게 작용하는지 이해하면, 더 현명한 소비와 경제적 선택을 할 수 있다. 경제가 움직이는 원리를 이해하면, 우리의 삶과 밀접한 경제 환경을 더 잘 활용할 수 있을 것이다.

05

해외에서 무슨 일이 생기면
내 지갑도 영향을 받는다?

뉴스를 보면 "미국의 금리 인상으로 원·달러 환율 상승" 또는 "중국의 경기 둔화로 한국 수출 감소" 같은 이야기를 자주 듣는다. 해외에서 벌어지는 일이 어떻게 한국의 경제와 내 지갑에 영향을 미치는 걸까? 경제는 더 이상 한 나라 안에서만 돌아가는 것이 아니라, 전 세계적으로 연결되어 있다. 이를 '**글로벌 경제**(Global Economy)'라고 부른다.

오늘날 우리는 글로벌 경제 속에서 살아가고 있으며, 해외에서 발생하는 경제적 사건이 국내 경제뿐만 아니라 개인의 소비 생활에도 직접적인 영향을 미친다. 그렇다면 글로벌 경제는 어떻게 작동하며, 우리가 사용하는 돈과 물가, 일자리 등에 어떤 영향을 미치는지 살펴보자.

글로벌 경제란 무엇인가?

글로벌 경제란 각국의 경제가 서로 영향을 주고받으며 연결되어 있는 경제 체제를 의미한다. 한 나라에서 발생한 경제적 변화가 다른 나라에 파급 효과를 미치는 현상이 바로 글로벌 경제의 특징이다.

예를 들어, 한국이 사용하는 석유의 대부분은 해외에서 수입된다. 만약 중동에서 전쟁이 발생하거나 원유 생산이 줄어들면 국제 유가가 급등하고, 한국에서 주유소 기름값이 오르게 된다. 이렇게 글로벌 경제는 단순히 기업과 정부의 문제를 넘어 일반 소비자들의 생활에도 직접적인 영향을 미친다.

해외 경제가 우리 경제에 영향을 미치는 방식

해외 경제는 여러 가지 경로를 통해 국내 경제에 영향을 미친다. 대표적인 요소들을 살펴보자.

1. 환율 – 해외 경제의 변동이 내 돈의 가치에 영향을 준다

환율이란 한 나라의 화폐가 다른 나라 화폐와 교환되는 비율을 뜻한다. 쉽게 말해, 1달러를 원화로 바꿀 때 얼마를 줘야 하는지를 나타내는 값이다.

예를 들어, 원·달러 환율이 1,100원이던 시절에 미국 여행을 간다면, 1달러를 바꾸기 위해 1,100원을 내야 했다. 하지만 환율이 1,300원으로 오르면 같은 1달러를 얻기 위해 200원을 더 내야 한다. 즉, 환율이 오르면 해외에서 물건을 사거나 여행을 하는 비용이 증가한다.

반대로 환율이 낮아지면 해외에서 수입하는 물건이 싸지고, 해외 여행을 가기도 쉬워진다. 환율은 해외 경제 상황과 밀접하게 연결되어 있기 때문에 글로벌 경제를 이해하는 중요한 지표 중 하나다.

2. 수출과 수입 – 해외 경제가 국내 기업의 매출을 좌우한다

한국 경제는 수출 의존도가 높은 편이다. 삼성, 현대, LG 같은 대기업들이 해외에서 많은 매출을 올리기 때문에, 해외 경제 상황이 국내 기업의 실적에 직접적인 영향을 미친다.

예를 들어, 미국이나 유럽에서 경기 침체가 발생하면 사람들이 소비를 줄이면서 스마트폰, 자동차 같은 한국 제품의 수요가 감소할 수 있다. 반대로 글로벌 경제가 호황을 맞이하면 한국 기업들의 수출도 증가하고, 경제 성장에 긍정적인 영향을 미친다.

반대로, 한국이 해외에서 수입하는 물건들도 많다. 예를 들어, 원유, 밀, 커피 원두 같은 원자재는 대부분 해외에서 수입하는데, 만약 원자재 가격이 급등하면 국내 물가가 상승할 수 있다. 즉, 해외 경제가 우리나라 물가에도 영향을 미치는 것이다.

3. 국제 유가 – 기름값이 오르면 모든 것이 오른다

국제 유가는 글로벌 경제에서 가장 중요한 요소 중 하나다. 원유 가격이 오르면 물류비, 생산비가 증가하면서 결국 소비자들이 내야 하는 가격도 오른다.

예를 들어, 기름값이 오르면 화물차, 버스, 비행기 등의 운행 비용이 상승하고, 이는 물류비 상승으로 이어진다. 물류비가 오르면 마트에서 파는 식료품, 의류, 전자제품 같은 모든 상품의 가격이 오를 가능성이 커진다.

따라서 국제 유가는 단순히 주유소에서 기름값이 오르는 문제가 아니라, 전체적인 생활 물가에도 영향을 미치는 중요한 요소다.

4. 미국의 금리 정책 – 글로벌 경제를 흔드는 요소

미국의 중앙은행인 연방준비제도(Fed)는 글로벌 경제에 큰 영향을 미친다. 미국이 금리를 올리면 전 세계적으로 돈이 미국으로 몰리면서 각국의 경제 상황이 변화한다.

예를 들어, 미국이 금리를 올리면 한국에서 투자하던 외국인들이 돈을 빼서 미국으로 옮길 가능성이 크다. 그러면 한국 주식시장에 자금이 빠지면서 주가가 하락할 수도 있다.

또한 금리가 오르면 대출 이자가 증가하기 때문에 기업들은 투자를 줄이고, 가계는 소비를 줄이게 된다. 결국 미국의 정책 하나가 한국을 비롯한 여러 나라에 경제적 영향을 미치게 되는 것이다.

글로벌 경제는 왜 중요한가?

글로벌 경제는 단순한 개념이 아니라, 우리의 삶과 직결된 문제다. 해외에서 발생한 경제적 사건이 국내 경제를 흔들고, 소비자들이 느끼는 물가와 생활비에도 영향을 미친다.

예를 들어, 코로나19 팬데믹이 발생했을 때 전 세계적으로 생산과 물류가 차질을 빚으면서 반도체, 자동차 부품, 식량 등의 공급이 부족해졌다. 이로 인해 자동차 가격이 오르고, 밀가루와 식용유 같은 기본적인 식료품 가격도 급등했다.

또한, 러시아-우크라이나 전쟁이 일어나면서 글로벌 원유와 곡물 가격이 상승하여 한국의 생활비에도 큰 영향을 미쳤다. 이런 사례들을 보면, 글로벌 경제를 이해하는 것이 왜 중요한지 알 수 있다.

글로벌 경제 흐름을 이해하면 더 나은 선택을 할 수 있다

글로벌 경제를 이해하면, 경제적 변화에 더 현명하게 대응할 수 있다.

1. 환율 변화를 보면 해외 여행과 해외 직구 타이밍을 알 수 있다.
- 환율이 낮을 때 해외 여행을 가면 더 저렴하게 여행을 즐길 수 있다.
- 환율이 높을 때는 해외 직구보다는 국내 소비가 더 유리할 수도 있다.

2. 국제 유가 변화를 알면 물가 상승을 예측할 수 있다.
- 기름값이 오르면 대중교통 요금, 배달비, 마트 물가까지 영향을 받는다.
- 원유 가격이 안정되면 물가 상승 압력도 줄어든다.

3. 미국의 금리 정책을 보면 대출과 투자의 방향을 결정할 수 있다.

- 금리가 오르면 대출 부담이 커지므로 가계와 기업이 소비와 투자를 줄이게 된다.
- 금리가 낮아지면 주식, 부동산 투자에 유리한 환경이 조성된다.

글로벌 경제는 내 지갑과 직결된다

해외 경제는 단순히 기업과 정부의 문제가 아니라, 우리 개인의 소비 생활과도 밀접한 관계가 있다. 환율, 수출입, 국제 유가, 금리 변화 같은 글로벌 경제 요소들은 우리가 매일 쓰는 돈의 가치와 물가에 영향을 미친다.

따라서 글로벌 경제 흐름을 이해하면 더 나은 소비와 투자를 할 수 있고, 경제 변화에 대비할 수 있다. 지금부터라도 뉴스에서 나오는 경제 뉴스를 관심 있게 지켜보면, 경제가 돌아가는 원리를 더 쉽게 이해할 수 있을 것이다.

4장

돈은 어디서 오고 어디로 갈까요?

01

화폐는 어떻게 만들어질까?

돈은 우리 생활에서 없어서는 안 될 중요한 요소다. 우리는 물건을 사고, 음식을 먹고, 집세를 내는 등 거의 모든 경제 활동을 돈을 통해 해결한다. 하지만 돈이란 정확히 무엇일까? 왜 종이 한 장, 동전 한 개가 그 자체로 가치를 가질 수 있는 것일까?

사람들은 오랜 세월 동안 다양한 형태의 화폐를 사용해왔다. 처음에는 물물교환을 했지만, 시간이 지나면서 금, 은 같은 귀금속이 사용되었고, 현대에 와서는 종이화폐와 전자화폐가 주를 이루게 되었다. 화폐의 역사와 화폐의 가치를 결정하는 원리를 알면 우리가 사용하는 돈이 단순한 종이가 아니라, 복잡한 경제적 논리를 바탕으로 형성된 것임을 이해할 수 있다.

돈이 없던 시절, 물물교환에서 시작하다

화폐가 등장하기 전, 사람들은 물건과 물건을 직접 교환하는 물물교환(Barter System)을 했다. 예를 들어, 농부가 쌀을 생산하고 어부가 생선을 잡으면, 서로 필요한 물건을 교환하는 방식이었다. 하지만 이 방식에는 큰 불편함이 있었다.

첫째, 교환이 쉽지 않았다.

만약 농부가 생선을 원하지만, 어부가 쌀이 아닌 고기를 원한다면 거래가 이루어지기 어려웠다. 즉, 원하는 물건이 정확히 맞아야만 교환이 가능했기 때문에 거래가 비효율적이었다.

둘째, 물건의 가치가 일정하지 않았다.

생선 한 마리와 쌀 한 봉지가 같은 가치를 가지는지, 혹은 말 한 마리와 집 한 채가 공정한 거래인지 결정하는 것이 쉽지 않았다.

셋째, 보관이 어려웠다.

생선, 고기 같은 물건은 시간이 지나면 썩기 때문에 거래에 불리했다. 이처럼 물물교환은 불편한 점이 많았고, 결국 사람들은 교환의 기준이 되는 공통된 가치를 지닌 화폐를 찾게 되었다.

금과 은, 금속 화폐의 시대

물물교환의 불편함을 해결하기 위해 사람들은 교환의 매개체로 귀금속(금, 은, 동 등)을 사용하기 시작했다.

금속은 부패하지 않고, 쉽게 운반할 수 있으며, 일정한 가치를 인정받았기 때문에 화폐로 적절했다. 특히 금과 은은 희소성이 높아 많은 사람들이 가치 있는 물질로 여기게 되었고, 이는 자연스럽게 화폐로 자리 잡았다.

대표적인 예로 로마제국은 은화(데나리우스)를 사용했고, 중국에서도 동전(전폐)이 널리 유통되었다. 이 시기에는 금속의 무게와 순도를 기준으로 화폐 가치를 정했으며, 각국의 정부나 왕이 동전에 도장을 찍어 공신력을 부여했다.

하지만 금속 화폐에도 한계가 있었다. 금이나 은을 많이 보유한 나라가 부유해질 수는 있었지만, 금속 자체가 무겁고 운반이 어려웠다. 또, 경제가 발전하면서 더 많은 돈이 필요해지자 금속만으로 모든 거래를 처리하기에는 한계가 있었다.

종이돈의 등장 – 신용화폐 시대의 시작

무겁고 불편한 금속 화폐를 대체하기 위해 종이 화폐가 등장했다. 종이돈은 무게가 가볍고 대량으로 유통할 수 있다는 장점이 있었다.

중국에서는 송나라 시기에 세계 최초의 종이 화폐인 '교자(交子)'가 사용되었고, 이후 몽골제국의 쿠빌라이 칸이 이를 확장하여 '지폐'를 사용하게 되었다.

유럽에서는 17세기 이후 본격적으로 종이 화폐가 등장했다. 초기에는 금과 은을 맡기면 은행이 보증서를 발행했으며, 이 보증서가 점차 종이 화폐로 발전했다.

하지만 초기 종이돈은 문제가 많았다. 정부나 은행이 무분별하게 돈을 찍어내면 화폐의 가치가 하락하는 인플레이션이 발생할 위험이 컸다. 예를 들어, 1920년대 독일에서는 돈을 너무 많이 찍어낸 나머지 사람들이 빵 한 개를 사기 위해 지폐 한 바구니를 들고 가야 했던 적도 있었다.

현대 화폐 - 국가가 보장하는 신용화폐

오늘날 우리가 사용하는 돈은 종이 화폐지만, 사실 그것 자체에는 가치가 없다. 현대 화폐는 금과 은으로 교환되지 않으며, 국가가 그 가치를 보증하는 신용화폐(Fiat Money)다.

과거에는 금본위제(Gold Standard)라고 해서, 정부가 발행하는 돈의 가치를 금과 연계했다. 즉, 중앙은행이 보유한 금의 양만큼만 돈을 찍어낼 수 있었다. 하지만 1971년, 미국의 닉슨 대통령이 금본위제를 폐지하면서 현대의 신용화폐 체제로 완전히 전환되었다.

현재 우리가 사용하는 돈은 국가가 신뢰를 바탕으로 발행한 것이며, 국민들이 이 돈이 가치가 있다고 믿기 때문에 거래 수단으로 사용된다. 즉, 정부가 경제를 안정적으로 운영할수록 화폐의 가치도 유지되는 것이다.

화폐의 미래 - 디지털 화폐로의 전환

최근에는 현금 대신 전자화폐와 가상화폐(암호화폐)가 등장하며 새로운 변화가 일어나고 있다.

1. 전자화폐와 카드 결제

- 신용카드, 체크카드, 모바일 결제 시스템이 확산되면서 종이 화

폐를 사용할 일이 줄어들었다.

- 카카오페이, 삼성페이 같은 간편 결제 시스템이 등장하면서 현금을 들고 다닐 필요가 점점 없어지고 있다.

2. 중앙은행 디지털화폐(CBDC)

- 각국 정부가 중앙은행이 직접 디지털 화폐를 발행하는 시스템을 연구하고 있다.
- 한국은행도 디지털 원화를 시험 운영 중이며, 향후 종이 화폐를 대체할 가능성이 있다.

3. 암호화폐(비트코인, 이더리움 등)

- 블록체인 기술을 기반으로 한 가상화폐는 기존 화폐 시스템과 다르게 중앙은행이 아닌 분산형 시스템에서 운영된다.
- 일부에서는 암호화폐가 미래의 화폐가 될 것이라고 주장하지만, 여전히 변동성이 크고 법적 안정성이 부족하다는 한계가 있다.

화폐는 시대에 따라 변하지만, 신뢰가 가장 중요하다

화폐는 오랜 역사를 거쳐 발전해왔으며, 물물교환에서 금속 화폐, 종이 화폐, 그리고 디지털 화폐로 변화하고 있다. 하지만 한 가지 변하지 않는 것은 화폐의 가치는 신뢰에 기반한다는 점이다.

사람들이 정부와 경제 시스템을 신뢰해야 돈이 원활하게 유통될 수 있으며, 이 신뢰가 무너지면 인플레이션이나 경제 위기가 발생할 수 있다.

　오늘날 우리는 종이돈을 사용하지만, 앞으로는 디지털 화폐가 주류가 될 가능성이 크다. 미래에 어떤 형태의 화폐가 등장하든, 사람들이 그 화폐의 가치를 인정하고 믿는 한, 경제는 계속해서 돌아갈 것이다.

은행은 돈을 보관하는 곳이 아니라고?

많은 사람들이 은행을 단순히 돈을 보관하는 곳이라고 생각한다. 하지만 은행은 단순히 돈을 맡아두는 금고가 아니다. 오히려 돈이 계속해서 흐르게 만들고, 경제가 원활하게 돌아가도록 하는 중요한 역할을 한다.

은행은 우리가 맡긴 돈을 다시 다른 사람들에게 빌려주며, 이를 통해 새로운 경제활동이 이루어진다. 그렇다면 은행의 역할은 정확히 무엇이며, 금융 시스템은 어떻게 작동하는 것일까? 금융 시스템의 원리와 은행이 하는 역할에 대해 자세히 살펴보자.

은행의 기본 역할 – 돈이 움직이게 만드는 기관

은행은 단순한 보관소가 아니다. 오히려 은행은 돈을 관리하고, 대출을 통해 경제를 활성화하는 역할을 한다. 쉽게 말해, 돈이 잠들어 있는 것이 아니라, 계속해서 흐르도록 돕는 것이다.

예를 들어, 한 사람이 은행에 1,000만 원을 예금했다고 가정하자. 이 돈은 단순히 은행 금고에 보관되는 것이 아니라, 은행은 이 돈을 다시 다른 사람에게 빌려준다. 그러면 돈을 빌린 사람은 그 돈으로 사업을 시작하거나, 집을 사거나, 소비를 하게 된다. 결국 은행을 통해 돈이 사회 전체로 퍼지게 되는 것이다.

은행이 없다면, 사람들은 자신의 돈을 직접 빌려주거나 투자해야 한다. 하지만 은행이 존재하기 때문에 우리는 안전하게 돈을 맡기고, 필요한 사람들은 쉽게 자금을 조달할 수 있다.

은행은 돈을 어떻게 창출할까?

은행의 가장 중요한 기능 중 하나는 바로 돈을 창출하는 역할이다. 우리가 맡긴 돈이 단순히 그대로 있는 것이 아니라, 은행은 이를 이용해 새로운 돈을 만들어낸다.

은행이 돈을 창출하는 방식은 부분지급준비제도(Fractional Reserve Banking)를 통해 이루어진다.

부분지급준비제도란 은행이 예금된 돈의 일부만 보관하고, 나머지는 대출하는 시스템을 말한다.

예를 들어, 한 사람이 은행에 1,000만 원을 예금했다고 가정해보자.
- 은행은 이 돈을 그대로 보관하는 것이 아니라, 법적으로 일정 비율(예 : 10%)만 금고에 남겨둔다.
- 나머지 900만 원은 다른 사람에게 대출해준다.
- 이 돈을 빌린 사람이 또 다른 은행에 예금을 하면, 그 은행도 다

시 이 돈의 일부를 대출해준다.

이런 방식으로 같은 돈이 여러 번 유통되면서 실제 경제에서 사용되는 돈의 양이 늘어나게 된다. 이를 통해 은행은 단순한 보관소가 아니라 돈을 창출하는 역할을 하게 된다.

대출이 경제를 움직인다 - 신용 창출의 원리

은행이 가장 중요한 역할 중 하나는 대출을 통해 경제를 활성화하는 것이다. 대출은 단순히 개인이 돈을 빌리는 것 이상의 의미를 가진다. 기업이 대출을 받아 공장을 짓고, 개인이 대출을 받아 집을 사고, 정부가 대출을 받아 인프라를 건설하는 등 경제 전반에 걸쳐 중요한 역할을 한다.

예를 들어, 한 스타트업 기업이 신기술을 개발하려고 하지만 초기 자금이 부족하다면, 은행에서 대출을 받아 연구개발을 진행할 수 있다. 이 과정에서 새로운 일자리가 생기고, 경제가 활발해진다.

또한, 일반 가계도 대출을 활용한다. 예를 들어, 많은 사람들이 집을 살 때 주택담보대출을 이용한다. 대출이 없었다면 많은 사람들이 집을 사기 어려웠겠지만, 은행 대출 덕분에 사람들이 주택을 구매할 수 있고, 이는 건설업과 부동산 시장에도 긍정적인 영향을 미친다.

즉, 대출은 단순히 빚을 지는 것이 아니라, 돈이 돌게 하는 중요한 요소다.

금융 시스템은 신뢰를 기반으로 작동한다

은행과 금융 시스템은 신뢰(trust)를 기반으로 운영된다.

우리가 은행에 돈을 맡기는 이유는 은행이 안전하게 돈을 관리하고, 필요할 때 언제든지 찾을 수 있다고 믿기 때문이다. 만약 은행이 갑자기 돈을 지급할 수 없거나, 은행 시스템이 불안정해진다면 사람들은 은행을 믿지 않게 되고, 이는 금융위기로 이어질 수도 있다.

역사적으로 보면 금융위기는 대부분 은행 시스템에 대한 신뢰가 흔들리면서 발생했다.

예를 들어, 1929년 미국 대공황 당시, 많은 사람들이 은행이 망할 것이라는 불안감에 은행으로 달려가 예금을 인출하는 '뱅크런(Bank Run)'이 발생했다. 은행은 예금된 돈을 모두 보관하고 있는 것이 아니라 대출을 통해 운영하고 있기 때문에, 갑자기 모든 고객이 한꺼번에 돈을 인출하려 하면 지급할 수 없는 상황이 발생한다. 결국 많은 은행이 파산하면서 경제가 붕괴했다.

이후 정부는 은행 시스템을 안정적으로 운영하기 위해 예금보험제도를 도입했다. 예금보험제도란 정부가 일정 금액까지 예금을 보장하는 제도로, 한국에서는 5,000만 원까지 예금 보호가 가능하다.

이러한 장치들 덕분에 오늘날 금융 시스템은 안정적으로 운영되고 있으며, 사람들은 은행을 신뢰하고 돈을 맡길 수 있다.

은행 없이 경제가 가능할까? - 탈중앙화 금융(DeFi)의 등장

최근에는 은행의 역할을 대체할 수 있는 새로운 금융 시스템이 등장하고 있다. 바로 탈중앙화 금융(DeFi, Decentralized Finance)이다.

1. 암호화폐 기반 금융 시스템
- 비트코인, 이더리움 같은 암호화폐는 중앙은행이나 은행 없이 개인 간 직접 거래가 가능하다.
- 기존 은행 시스템과 다르게, 누구나 글로벌 금융 네트워크에 참여할 수 있다.

2. 스마트 계약(Smart Contract) 활용
- 블록체인 기술을 이용하면 중개자 없이 자동으로 금융 거래가 이루어질 수 있다.
- 예를 들어, 은행을 거치지 않고도 대출과 이자를 주고받을 수 있는 시스템이 개발되고 있다.

하지만 탈중앙화 금융은 아직 변동성이 크고 법적 규제가 부족하다는 문제가 있다. 따라서 현재로서는 기존 은행 시스템과 함께 보완적인 역할을 하며 발전하고 있는 단계다.

은행은 돈을 보관하는 곳이 아니라, 경제를 움직이는 곳이다

은행은 단순한 돈 보관소가 아니라, 경제의 혈액을 공급하는 심장 같은 역할을 한다. 은행이 돈을 보관하고 관리하는 것은 기본적인 역할이지만, 대출과 신용 창출을 통해 경제를 활성화시키는 것이 더 중요한 역할이다.

또한, 금융 시스템은 신뢰를 바탕으로 운영되며, 은행이 안정적으로 운영될수록 경제도 탄탄하게 유지될 수 있다. 앞으로 탈중앙화 금융과 디지털 화폐가 발전하더라도, 금융 시스템의 기본 원리는 변하지 않을 것이다.

은행이 하는 역할을 이해하면, 돈이 어떻게 움직이는지, 그리고 우리가 왜 금융 시스템을 신뢰해야 하는지 더 잘 알 수 있다. 이를 통해 보다 현명한 금융 생활을 할 수 있을 것이다.

돈의 가치가 변하는 이유

우리는 같은 1,000원짜리 지폐를 가지고 있지만, 이 돈이 할 수 있는 일은 매년 조금씩 달라진다. 과거에는 1,000원으로 한 끼 식사를 해결할 수 있었지만, 지금은 간단한 음료 하나도 사기 어려운 경우가 많다. 왜 같은 돈인데 가치가 변하는 것일까?

돈의 가치는 인플레이션(Inflation)과 디플레이션(Deflation)에 따라 변한다. 인플레이션이란 물가가 오르고 돈의 가치가 떨어지는 현상을 의미하고, 디플레이션은 그 반대로 물가가 하락하면서 돈의 가치가 높아지는 현상을 의미한다. 이러한 현상들은 경제 전반에 큰 영향을 미치며, 우리의 소비생활과 자산 관리에도 직접적인 영향을 준다. 그렇다면 인플레이션과 디플레이션은 왜 발생하며, 어떤 영향을 미칠까?

인플레이션이란 무엇인가?

인플레이션이란 전반적인 물가가 지속적으로 상승하는 현상을 의미한다. 쉽게 말해, 같은 돈으로 살 수 있는 상품과 서비스의 양이 줄어드는 것이다.

예를 들어, 10년 전 5,000원이면 삼겹살 한 근을 살 수 있었지만, 지금은 5,000원으로 같은 양을 살 수 없다. 이것이 바로 인플레이션의 대표적인 사례다.

인플레이션은 왜 발생할까?

인플레이션이 발생하는 이유는 여러 가지가 있다. 대표적인 원인을 살펴보자.

1. 수요 증가 - 사람들이 더 많이 사려고 할 때

만약 사람들이 어떤 상품을 많이 사고 싶어 한다면, 그 상품의 가격은 자연스럽게 올라간다. 예를 들어, 갑자기 한정판 운동화가 유행하면 사람들이 경쟁적으로 구매하면서 가격이 급등한다.

이와 비슷하게 경제가 호황을 맞아 사람들이 소비를 늘리면, 기업들은 제품 가격을 올리게 되고 물가가 전반적으로 상승할 수 있다.

2. 생산 비용 증가 - 기업이 더 많은 돈을 들일 때

제품을 만드는 데 필요한 원자재나 인건비가 증가하면, 기업은 이를 소비자 가격에 반영한다.

예를 들어, 국제 유가가 상승하면 휘발유 가격뿐만 아니라, 물류비 상승으로 인해 대부분의 상품 가격이 오르게 된다. 또, 최저임금이 오르면 기업들은 노동 비용을 보전하기 위해 상품 가격을 올릴 수 있다.

3. 통화량 증가 – 돈이 많이 풀릴 때

정부나 중앙은행이 시중에 돈을 너무 많이 공급하면 인플레이션이 발생할 수 있다.

예를 들어, 정부가 경제 활성화를 위해 시중에 돈을 대량으로 풀면 사람들의 소비가 증가하고, 물가가 상승할 가능성이 크다. 과거 독일 바이마르 공화국에서는 정부가 너무 많은 돈을 찍어내면서 물가가 폭등해, 빵 한 개를 사기 위해 지폐 한 수레가 필요했던 적도 있었다.

인플레이션이 미치는 영향

인플레이션은 경제 전반에 다양한 영향을 미친다.

1. 실물 자산 가치 상승

인플레이션이 발생하면 돈의 가치가 떨어지므로, 부동산, 금, 주식 같은 실물 자산의 가격이 상승하는 경향이 있다. 예를 들어, 10년 전보다 집값이 크게 오른 이유 중 하나도 인플레이션 때문이다.

2. 저축의 실질 가치 하락

은행에 돈을 넣어두면 이자가 붙지만, 만약 인플레이션이 이자율보다 높다면 실질적으로 손해를 볼 수 있다. 예를 들어, 은행 이자가 연 2%인데 물가 상승률이 5%라면, 돈을 그냥 두는 것이 오히려 손실이 되는 셈이다.

3. 생활비 부담 증가

인플레이션이 심해지면 월급이 오르는 속도보다 물가 상승 속도가 더 빨라질 수 있다. 이 경우 서민들의 실질 소득이 줄어들어 생활이 어려워진다.

디플레이션이란 무엇인가?

디플레이션은 전반적인 물가가 지속적으로 하락하는 현상을 뜻한다. 인플레이션과 반대로 돈의 가치가 올라가며, 같은 돈으로 더 많은 상품과 서비스를 구매할 수 있게 된다.

언뜻 보면 디플레이션은 좋은 현상처럼 보이지만, 지나친 디플레이션은 경제에 심각한 문제를 초래할 수 있다.

디플레이션은 왜 발생할까?

디플레이션이 발생하는 주요 원인은 다음과 같다.

1. 소비 감소 – 사람들이 지출을 줄일 때

경제가 침체되거나 불황이 오면 사람들은 돈을 아끼려고 한다. 소비가 줄어들면 기업들은 제품 가격을 낮추면서 디플레이션이 발생한다.

2. 기업의 투자 감소 - 경기 위축

기업들은 미래가 불확실하면 투자와 생산을 줄인다. 그러면 일자리도 줄어들고 임금도 하락하며, 사람들이 돈을 덜 쓰게 되어 물가가 더 하락하는 악순환이 발생할 수 있다.

3. 통화량 감소 - 돈이 부족할 때

금융 위기나 경기 침체로 인해 은행 대출이 줄고, 시장에서 돈이 제대로 돌지 않으면 디플레이션이 나타날 수 있다.

디플레이션이 미치는 영향

디플레이션은 경제 전반에 부정적인 영향을 미칠 수 있다.

1. 기업 수익 감소

물가가 하락하면 기업들은 상품을 팔아도 예전만큼의 이익을 얻기 어렵다. 이익이 줄어들면 고용을 줄이거나 임금을 삭감할 가능성이 커진다.

2. 실업 증가

기업들이 비용 절감을 위해 직원을 해고하면 실업률이 상승하고,

이는 다시 소비 위축으로 이어져 경기 침체가 심화된다.

3. 경제 성장 둔화

소비와 투자가 줄어들면 경제가 성장하지 못하고, 장기적인 불황이 이어질 수 있다. 대표적인 예로 일본은 1990년대부터 오랜 기간 디플레이션과 경기 침체를 겪었다.

인플레이션과 디플레이션, 균형이 중요하다

인플레이션과 디플레이션은 모두 지나치면 경제에 부정적인 영향을 미칠 수 있다.

- 적당한 인플레이션은 경제 성장과 기업 활동을 촉진하는 역할을 한다.
- 지나친 인플레이션은 생활비 부담 증가, 화폐 가치 하락 등의 문제를 초래한다.
- 디플레이션은 경제 침체를 유발하고, 기업과 가계에 부담을 줄 수 있다.

따라서 중앙은행과 정부는 경제 상황을 고려하여 적절한 정책을 통해 물가를 조절하려 한다.

돈의 가치는 변한다, 이를 이해하면 현명한 경제생활이 가능하다

우리가 가진 돈의 가치는 고정된 것이 아니라, 경제 상황에 따라 달라진다. 인플레이션과 디플레이션의 원리를 이해하면, 우리는 변화하는 경제 상황 속에서 더 나은 소비와 투자 결정을 내릴 수 있다.

결국 중요한 것은 균형이다. 지나친 인플레이션도, 과도한 디플레이션도 바람직하지 않다. 경제의 흐름을 이해하고, 변화에 적절히 대응하는 것이 현명한 경제 생활을 위한 핵심이다.

04

주식은 도박일까, 투자일까?

많은 사람들이 주식을 도박과 비슷하게 생각한다. "주식은 운이 좋아야 돈을 번다." "한순간에 전 재산을 날릴 수도 있다." 이런 말들을 주변에서 쉽게 들을 수 있다. 하지만 정말 주식은 도박과 같은 것일까?

주식은 단순히 가격이 오르고 내리는 게임이 아니라, 기업의 성장에 투자하는 금융 상품이다. 주식을 잘 이해하면, 단순한 '돈놀이'가 아니라 경제의 흐름을 읽고 미래 가치를 예측하는 중요한 투자 수단이 될 수 있다. 반면, 무작정 매매에 뛰어들거나 단기적인 수익만을 노린다면 도박과 다를 바 없는 위험한 행동이 될 수도 있다.

주식과 채권의 개념을 쉽게 풀어보고, 투자와 도박의 차이, 그리고 주식과 채권이 경제에서 어떤 역할을 하는지 알아보자.

주식이란 무엇인가?

주식이란 기업의 일부를 소유할 수 있는 권리를 의미한다. 쉽게 말해, 어떤 기업의 주식을 산다는 것은 그 기업의 일부를 갖게 된다는 뜻이다.

예를 들어, 한 기업이 총 100만 주의 주식을 발행했다고 가정하자. 만약 내가 이 회사의 주식을 1만 주 보유하고 있다면, 나는 이 회사의 1%를 소유하고 있는 셈이다.

주식을 사는 이유는 크게 두 가지다.

1. 배당금 수익 – 기업이 이익을 내면 주주들에게 일정 금액을 배당금으로 지급할 수 있다.
2. 주가 상승 차익 – 기업이 성장하면 주식 가격이 오르고, 이를 팔았을 때 차익을 얻을 수 있다.

즉, 주식 투자는 단순히 가격이 오르내리는 것을 예측하는 것이 아니라, 기업의 가치를 보고 성장 가능성이 높은 회사를 선택하는 과정이다.

주식과 도박의 차이

주식을 도박이라고 생각하는 사람도 있지만, 엄연한 차이가 있다.

1. 도박은 확률 게임, 주식은 경제적 가치에 투자하는 것

- 도박은 게임의 룰이 정해져 있으며, 확률적으로 돈을 잃거나 벌게 된다.
- 주식은 기업의 실적과 미래 성장 가능성을 분석하는 과정이 필요하다.

2. 도박은 0의 합(제로섬 게임), 주식은 경제의 성장을 반영한다
- 도박은 돈을 잃는 사람과 버는 사람이 정해져 있어 전체적으로 부가 늘어나지 않는다.
- 주식 시장은 경제가 성장할수록 전체적인 가치가 증가한다.

3. 도박은 단기적, 주식은 장기적 가치 창출 가능
- 도박은 단기적인 이익을 목표로 하지만, 주식은 장기적으로 기업이 성장하면 가치를 높일 수 있다.

물론 주식을 단기적인 가격 변동만 보고 사고파는 방식으로 접근한다면 도박처럼 위험할 수 있다. 하지만 제대로 된 투자 전략을 세우고, 기업을 분석한 뒤 투자하면 안정적으로 자산을 불릴 수 있는 방법이 된다.

주가는 왜 변할까?
주식 가격이 하루에도 몇 번씩 변하는 이유는 시장에서 수요와 공급이 변하기 때문이다.

1. 기업 실적과 성장 가능성

- 기업의 실적이 좋거나 새로운 기술을 개발하면 주식의 가치가 높아진다.
- 반대로 기업이 적자를 내거나 문제가 발생하면 주가가 하락할 수 있다.

2. 경제 상황과 정책 변화

- 금리가 낮아지면 대출이 쉬워지고, 기업들이 투자를 늘릴 수 있어 주식시장이 활성화된다.
- 반대로 금리가 오르면 대출 부담이 커져 기업 활동이 위축되면서 주가가 하락할 수 있다.

3. 투자자의 심리와 시장 분위기

- 주식 시장은 투자자의 심리에 따라 크게 출렁일 수 있다.
- 예를 들어, 전 세계적인 경제 위기가 닥치면 기업의 실적과 관계없이 투자자들이 공포심에 주식을 팔아 주가가 급락할 수도 있다.

채권이란 무엇인가?

주식과 달리 채권은 기업이나 정부가 돈을 빌리고 이를 갚기 위해 발행하는 증서다. 쉽게 말해, 내가 누군가에게 돈을 빌려주고 일정 기간 후 이자와 함께 돌려받는 개념이다.

1. 채권은 어떻게 작동할까?
 - 정부나 기업이 자금을 조달할 필요가 있을 때, 일정 금액을 빌리고 투자자들에게 채권을 발행한다.
 - 투자자는 채권을 사면서 일정 이자를 받을 권리를 갖게 된다.
 - 만기일이 되면 투자자는 원금과 이자를 돌려받는다.

2. 주식과 채권의 차이
 - 주식은 기업의 일부를 소유하는 것이지만, 채권은 기업이나 정부에 돈을 빌려주는 것이다.
 - 주식은 기업이 성장하면 주가가 상승할 가능성이 있지만, 채권은 정해진 이자를 받기 때문에 수익이 비교적 안정적이다.
 - 하지만 기업이 파산하면 채권도 상환되지 않을 수 있다.

주식과 채권, 어떤 것이 더 좋은 투자일까?
주식과 채권은 각각 장점과 단점이 있기 때문에, 투자자의 목적과 리스크 선호도에 따라 선택해야 한다.

1. 주식 투자 : 성장 가능성이 높지만 변동성이 크다
 - 장기적으로 경제 성장과 함께 높은 수익을 기대할 수 있다.
 - 하지만 주가 변동성이 크기 때문에 단기적인 손실을 볼 수도 있다.

2. 채권 투자 : 안정적이지만 수익률이 낮다

- 일정한 이자를 받을 수 있어 안정적인 투자 방법이다.
- 하지만 주식보다 수익률이 낮고, 인플레이션에 영향을 받을 수 있다.

일반적으로 투자자들은 주식과 채권을 적절히 분배하여 포트폴리오를 구성한다. 예를 들어, 젊은 투자자는 높은 수익을 기대하며 주식 비중을 높이는 반면, 은퇴를 앞둔 투자자는 안정적인 채권 비중을 늘리는 식이다.

주식은 기업의 미래에 투자하는 것이다

주식은 단순한 돈 놓고 돈 먹기의 게임이 아니라, 기업의 성장 가능성을 보고 투자하는 것이다. 단기적인 변동성에 휩쓸리지 않고, 기업의 가치를 분석하며 장기적으로 접근하면 안정적인 수익을 낼 수 있다.

반면, 아무런 전략 없이 단기적인 가격 변동에 따라 주식을 사고 판다면 주식은 도박이 될 수도 있다. 주식과 채권을 제대로 이해하고 투자 전략을 세운다면, 금융 시장에서 보다 안정적인 성과를 얻을 수 있을 것이다.

중요한 것은 돈을 어떻게 다루느냐다. 주식이든 채권이든 제대로 이해하고 접근하면 우리의 경제적 자유를 높이는 강력한 도구가 될 수 있다.

비트코인과 가상화폐는
왜 이렇게 화제일까?

비트코인과 가상화폐는 최근 몇 년간 전 세계적으로 큰 화제가 되었다. 뉴스에서는 비트코인 가격이 급등했다는 소식이 나오는가 하면, 한순간에 폭락하는 일도 심심치 않게 벌어진다. 많은 사람들이 가상화폐를 새로운 투자 기회로 여기지만, 여전히 이를 의심하는 시각도 존재한다.

비트코인 같은 가상화폐는 기존 화폐 시스템과 근본적으로 다르다. 기존의 돈은 중앙은행이 발행하고 관리하지만, 가상화폐는 블록체인 기술을 기반으로 중앙기관 없이 운영되는 디지털 화폐다. 그렇다면 가상화폐는 어떤 원리로 작동하며, 왜 이렇게 주목받고 있는 것일까? 그리고 과연 가상화폐가 미래의 돈이 될 수 있을까?

비트코인은 어떻게 만들어졌을까?

비트코인은 2008년 금융위기 이후, '사토시 나카모토'라는 익명의 인물이 만든 최초의 가상화폐. 그는 기존 금융 시스템이 중앙은행과 정부에 의해 지나치게 통제된다고 판단했고, 제3자의 개입 없이 개인 간 거래가 가능한 화폐를 만들고자 했다.

비트코인은 중앙은행이 발행하는 기존 화폐(법정화폐)와는 달리, 특정 기관이 발행하거나 관리하지 않는다. 대신, 블록체인(Blockchain)이라는 기술을 활용해 모든 거래 기록을 공개하고, 이를 암호화하여 보안성을 유지한다.

비트코인이 처음 등장했을 때만 해도 이를 사용하는 사람은 거의 없었다. 하지만 시간이 지나면서 점점 더 많은 사람들이 비트코인의 가치를 인정하게 되었고, 지금은 글로벌 금융 시장에서 중요한 자산 중 하나로 자리 잡았다.

블록체인이란 무엇인가?

비트코인을 이해하려면 블록체인 기술을 먼저 알아야 한다. 블록체인은 거래 데이터를 블록 단위로 묶어 체인처럼 연결한 분산형 데이터베이스다.

1. 중앙 서버 없이 운영되는 시스템

기존의 은행 시스템에서는 모든 거래 기록을 중앙 서버에서 관리하지만, 블록체인은 여러 컴퓨터(노드)가 동일한 거래 기록을 공유하는 구조다.

2. 거래의 투명성과 보안성

블록체인 네트워크에서 이루어지는 거래는 누구나 볼 수 있도록 공개되지만, 암호화되어 있기 때문에 위조나 변조가 불가능하다.

3. 탈중앙화와 신뢰

기존 금융 시스템은 은행이나 정부가 화폐 가치를 보장하지만, 블록체인은 네트워크 참여자들이 검증하는 구조이기 때문에 중앙기관 없이도 신뢰를 유지할 수 있다.

가상화폐의 종류와 특징

비트코인이 등장한 이후, 다양한 종류의 가상화폐가 생겨났다. 대표적인 가상화폐를 살펴보자.

1. 비트코인(BTC) - 최초의 가상화폐

- 2009년 최초로 출시된 가상화폐로, 디지털 금(Digital Gold)이라고 불린다.
- 발행량이 2,100만 개로 한정되어 있어 희소성이 있다.
- 주로 가치 저장과 투자 자산으로 활용된다.

2. 이더리움(ETH) - 스마트 계약 기능 추가

- 2015년에 출시된 가상화폐로, 비트코인보다 더 다양한 기능을 제공한다.

- 스마트 계약(Smart Contract) 기능을 통해 금융, 게임, 부동산 등 여러 산업에서 활용될 수 있다.
- 이더리움 네트워크를 기반으로 다양한 디앱(DApp, 탈중앙화 애플리케이션)이 개발되고 있다.

3. 스테이블코인 - 가격 변동성을 줄인 화폐
- 기존 가상화폐의 가장 큰 문제 중 하나는 가격 변동성이 크다는 것이다.
- 이를 해결하기 위해 법정화폐(예 : 달러, 유로)와 1:1로 연동된 스테이블코인이 등장했다.
- 대표적인 예로 USDT(테더), USDC 등이 있다.

비트코인과 가상화폐는 왜 이렇게 주목받을까?
가상화폐가 주목받는 이유는 여러 가지가 있다.

1. 탈중앙화 금융(DeFi)의 성장
- 기존 금융 시스템은 정부와 은행이 모든 거래를 관리하지만, 가상화폐는 개인이 직접 자산을 관리할 수 있는 시스템을 제공한다.
- 이를 바탕으로 탈중앙화 금융(DeFi, Decentralized Finance)이 빠르게 성장하고 있다.

2. 가치 저장 수단으로서의 역할

- 비트코인은 금과 유사하게 희소성을 갖춘 자산으로 평가받는다.
- 경제 위기가 발생할 경우, 일부 투자자들은 달러나 금처럼 비트
  코인을 안전 자산으로 간주한다.

3. 글로벌 거래의 편리함

- 가상화폐는 국경을 초월해 누구나 사용할 수 있으며, 기존 금융
  시스템보다 거래 속도가 빠르다.
- 국제 송금 비용도 기존 은행 시스템보다 저렴하다.

가상화폐의 위험성과 문제점

하지만 가상화폐는 여전히 해결해야 할 문제가 많다.

1. 가격 변동성이 크다

- 비트코인과 이더리움 같은 가상화폐는 하루에도 수십 퍼센트씩
  가격이 변동할 수 있다.
- 안정적인 화폐로 사용되기 어렵고, 투기 수단으로 변질될 가능
  성이 있다.

2. 해킹과 보안 문제

- 가상화폐 거래소가 해킹당하거나, 개인 지갑의 보안이 취약하
  면 자산을 잃을 수도 있다.

- 한번 해킹당한 가상화폐는 돌려받기가 어렵다.

3. 규제 문제
- 각국 정부는 가상화폐를 법적으로 어떻게 다뤄야 할지 고민하고 있다.
- 일부 국가는 가상화폐 거래를 금지하거나 강력한 규제를 시행하고 있다.

가상화폐는 혁신이지만, 아직 갈 길이 멀다

비트코인과 가상화폐는 단순한 유행이 아니라, 금융 시스템의 패러다임을 바꾸는 혁신적인 기술이다. 하지만 가격 변동성, 보안 문제, 규제 등의 과제가 남아 있으며, 이를 해결하지 않으면 대중적인 화폐로 자리 잡기 어려울 것이다.

가상화폐가 미래 경제에서 어떤 역할을 하게 될지는 아직 확실하지 않지만, 기술의 발전과 함께 점점 더 많은 사람들이 가상화폐를 이해하고 활용하는 시대가 올 가능성이 크다.

5장

경제가 어려워질 땐
어떤 일이 생길까?

01

실업률이 높아지면
어떤 문제가 생길까?

경제가 어려워지면 가장 먼저 눈에 띄는 변화는 일자리 감소다. 실업률이 높아지면 많은 사람들이 일자리를 잃고 소득이 줄어들며, 소비가 위축되고 기업의 수익성도 악화된다. 이러한 악순환이 계속되면 경제는 더욱 깊은 침체에 빠질 수 있다.

실업은 단순히 '일을 하지 않는 상태'가 아니라, 경제 전반에 걸쳐 다양한 문제를 일으킨다. 개인적으로는 가계 경제가 어려워지고, 사회적으로는 소비 감소, 세금 수입 축소, 빈부격차 확대 같은 문제가 발생할 수 있다. 그렇다면 실업률이 높아지면 어떤 일이 벌어지고, 이를 해결하기 위해서는 어떤 노력이 필요할까?

실업률이란 무엇인가?

실업률은 경제활동을 할 수 있는 인구 중에서 일자리를 찾지 못한 사람들의 비율을 의미한다.

예를 들어, 한 나라의 노동 가능한 인구가 1,000만 명이고 그중 100만 명이 일자리를 구하지 못하고 있다면, 실업률은 10%가 된다.

실업률은 경제 상황을 보여주는 중요한 지표 중 하나로, 일반적으로 경기가 좋을 때는 실업률이 낮아지고, 경제가 침체될 때는 실업률이 증가하는 경향이 있다.

실업이 발생하는 이유

실업이 증가하는 원인은 여러 가지가 있다.

1. 경기 침체 - 경제가 나빠지면 기업들이 고용을 줄인다

경제가 어려워지면 기업들은 매출이 줄어들고, 비용을 절감하기 위해 직원 수를 줄이거나 신규 채용을 하지 않게 된다. 이로 인해 실업률이 증가하게 된다.

예를 들어, 2008년 글로벌 금융위기 때 많은 기업들이 문을 닫거나 구조조정을 단행하면서 전 세계적으로 실업률이 급등했다.

2. 산업 변화 - 기술 발전과 자동화의 영향

기술이 발전하면서 기존의 일자리가 사라지는 경우도 많다. 예를 들어, 공장 자동화가 진행되면서 과거에는 사람이 하던 일을 기계가 대신하게 되어 제조업 일자리가 감소했다.

또한, 인터넷과 인공지능(AI)이 발전하면서 전통적인 서비스업이나 금융업에서도 자동화가 늘어나고 있다. 이로 인해 일부 직종은 점점

사라지는 반면, 새로운 기술을 요구하는 일자리만 증가하는 현상이
발생하고 있다.

3. 구조적 실업 – 특정 기술을 가진 사람만 필요할 때

산업이 변화하면 기존의 노동자들이 새로운 기술을 익히지 못해
실업자가 되는 경우가 있다. 이를 구조적 실업이라고 한다.

예를 들어, 전통적인 제조업 중심이었던 경제가 IT 중심으로 변화
하면서, 기존 제조업 노동자들은 일자리를 잃었지만, IT 기술을 갖춘
사람들은 높은 연봉을 받으며 일자리를 찾는 경우가 많다.

실업이 경제에 미치는 영향

실업률이 높아지면 단순히 개인의 소득이 줄어드는 것뿐만 아니
라, 경제 전반에 악영향을 미치게 된다.

1. 소비 감소 – 경제가 위축된다

일자리를 잃은 사람들은 소비를 줄이게 된다. 이로 인해 기업들의
매출이 감소하고, 다시 기업들이 비용 절감을 위해 직원 수를 줄이는
악순환이 발생할 수 있다.

예를 들어, 실업률이 증가하면 사람들이 외식을 줄이고, 여행을 가
지 않으며, 대형 소비(예 : 자동차, 전자제품)도 미루게 된다. 이렇게 되
면 경제는 더욱 침체될 수밖에 없다.

2. 정부 재정 악화 – 세금 수입 감소

실업자가 많아지면 정부가 걷을 수 있는 세금이 줄어든다. 실업자들은 소득세를 내지 않기 때문에 정부의 세수는 감소하지만, 실업급여 같은 복지 비용은 증가하게 된다.

예를 들어, 실업률이 10%에서 15%로 증가하면, 정부는 더 많은 실업급여를 지급해야 하지만, 세금 수입이 줄어들어 국가 재정이 악화될 수 있다.

3. 빈부격차 확대 – 사회적 불안 증가

실업이 증가하면 소득 격차가 심해지고, 사회적으로 불안정한 분위기가 조성될 수 있다. 특히, 장기간 실업 상태에 놓인 사람들은 노동시장에 다시 진입하기 어려워지면서 더 큰 경제적 어려움을 겪게된다.

이로 인해 사회적으로 불만이 커지고, 정치적인 갈등이 심화될 가능성도 높아진다. 예를 들어, 1930년대 미국의 대공황 시기에는 실업률이 25%까지 치솟았고, 이로 인해 사회적 혼란과 빈곤 문제가 극심해졌다.

실업 문제를 해결하기 위한 방법

실업률이 증가하면 정부와 기업들은 이를 해결하기 위해 다양한 노력을 기울인다.

1. 정부의 경기 부양 정책

정부는 실업률을 낮추기 위해 다양한 경기 부양 정책을 시행할 수 있다.

- 금리 인하 : 중앙은행이 금리를 낮추면 기업들이 대출을 쉽게 받아 투자를 늘리고, 일자리가 증가할 수 있다.
- 공공 일자리 창출 : 정부가 직접 공공사업(도로 건설, 인프라 투자 등)을 통해 일자리를 만드는 방법도 있다.

예를 들어, 1930년대 대공황 당시 미국 정부는 뉴딜 정책을 시행하여 대규모 공공사업을 추진했고, 이를 통해 실업률을 낮추는 효과를 거두었다.

2. 기업의 적극적인 고용 확대

기업들도 경제가 회복될 때 적극적으로 고용을 늘리는 노력이 필요하다. 예를 들어, 신산업이나 신기술 분야에 투자하여 새로운 일자리를 창출하는 것이 하나의 방법이다.

최근에는 IT 기업들이 소프트웨어 개발자, 데이터 분석가 등 새로운 직종에서 많은 일자리를 창출하고 있다.

3. 직업 교육과 재교육 프로그램

기술 변화에 따라 기존 직업이 사라지는 경우가 많기 때문에, 정부와 기업은 노동자들이 새로운 기술을 익힐 수 있도록 재교육 프로그

램을 제공해야 한다.

예를 들어, 공장에서 일하던 사람들이 IT 기술을 배워 프로그래머로 전직할 수 있도록 하는 교육 프로그램이 있다면, 실업률을 낮추는 데 도움이 될 수 있다.

실업률이 높아지면 경제와 사회 전체가 어려워진다

실업률이 증가하면 단순히 개인의 문제를 넘어, 소비 감소, 기업의 매출 하락, 정부 재정 악화, 사회적 불안 증가 등 여러 가지 경제적·사회적 문제가 발생한다.

따라서 실업 문제를 해결하기 위해서는 정부, 기업, 개인이 함께 노력해야 한다. 정부는 경제 부양 정책을 시행하고, 기업은 새로운 일자리를 창출하며, 개인은 변화하는 노동시장에 적응할 수 있도록 직업 교육과 재교육을 받아야 한다.

경제가 건강하게 성장하려면 일자리가 안정적으로 유지되고, 사람들이 지속적으로 경제활동을 할 수 있는 환경이 조성되어야 한다. 이를 위해 우리는 실업률이 단순한 숫자가 아니라, 경제 전반에 걸쳐 중요한 요소임을 이해하고, 장기적인 해결책을 고민해야 한다.

02

경제 위기는 왜 주기적으로 올까?

경제는 항상 성장만 하는 것이 아니라 일정한 주기를 반복하면서 성장과 위축을 반복한다. 경제가 빠르게 성장하는 시기가 있는가 하면, 어느 순간 위기가 찾아와 심각한 경기 침체를 겪기도 한다. 세계 경제 역사 속에서 대공황(1929년), 오일 쇼크(1970년대), 아시아 금융위기(1997년), 글로벌 금융위기(2008년) 등 크고 작은 경제 위기가 반복적으로 발생했다.

많은 사람들은 "왜 경제 위기는 반복될까?"라는 질문을 한다. 경제가 안정적으로 성장하면 좋을 텐데, 왜 주기적으로 위기가 발생하는 것일까? 이를 이해하기 위해서는 경제 순환(cycle)의 개념을 알아야 하며, 경제 위기가 발생하는 주요 원인과 금융 시스템이 어떻게 붕괴되는지를 살펴볼 필요가 있다.

경제는 왜 일정한 주기를 갖고 움직일까?

경제는 일정한 패턴을 따라 움직이며, 이를 경기 순환(business cycle)이라고 한다. 경제는 크게 네 가지 단계로 나뉜다.

1. 확장(Expansion) - 경제 성장기

- 기업의 투자와 생산이 증가하고, 소비도 활발해진다.
- 실업률이 낮아지고, 사람들의 소득이 증가하며, 경제 전반이 활기를 띤다.

2. 정점(Peak) - 경제 성장의 정점

- 경제가 너무 빠르게 성장하면 인플레이션(물가 상승) 문제가 나타나기 시작한다.
- 기업들은 과잉 투자를 하게 되고, 자산 가격이 비정상적으로 상승하는 버블(거품)이 형성된다.

3. 수축(Contraction) - 경제 침체기

- 경제가 과열되면서 기업의 수익성이 떨어지고, 투자가 위축된다.
- 소비가 감소하고, 실업률이 증가하며, 금융시장 불안이 발생한다.

4. 경기 저점(Trough) - 침체의 바닥

- 경제가 가장 어려운 시기로, 기업 도산과 실업률 증가가 심화된다.

– 정부와 중앙은행이 경제 부양 정책을 시행하면서 점차 회복이
  시작된다.

이러한 경제 순환은 자연스러운 현상이며, 일정한 주기를 반복하
면서 경제는 성장과 위기를 반복하게 된다.

경제 위기는 왜 발생할까? – 주요 원인 분석

경제 위기가 발생하는 원인은 다양하지만, 대표적으로 금융 붕괴,
자산 거품, 소비 감소, 외부 충격 등을 꼽을 수 있다.

1. 금융 시스템의 붕괴 – 과도한 부채와 신용 위험

금융 시스템은 경제의 혈액과도 같은 역할을 한다. 은행과 투자 기
관들이 기업과 개인에게 돈을 빌려주고, 경제 활동이 원활하게 이루
어지도록 돕는다. 하지만과도한 대출과 신용 남발이 발생하면 금융
시스템은 위험해질 수 있다.

예를 들어, 2008년 글로벌 금융위기는 서브프라임 모기지(비우량
주택담보대출) 사태에서 시작되었다. 은행들은 높은 수익을 얻기 위
해 신용이 낮은 사람들에게도 대출을 해주었고, 주택 가격이 계속
오를 것이라는 믿음이 팽배했다. 하지만 결국 주택 가격이 폭락하
면서 대출을 갚지 못하는 사람들이 늘어나 금융 시스템이 붕괴되
었다.

2. 자산 거품(Bubble) - 지나친 투기가 경제를 망친다

경제가 호황일 때 사람들은 지나치게 낙관적인 태도를 보이며 자산 가격이 계속 오를 것이라고 믿는다. 그러다 보면 주식, 부동산 등 특정 자산의 가격이 비정상적으로 상승하는 거품 현상이 발생할 수 있다.

대표적인 예로 1990년대 후반의 닷컴 버블을 들 수 있다. 인터넷이 급속도로 성장하면서 많은 투자자들이 기술 기업의 주식을 사들이기 시작했고, 기업의 실적과 무관하게 주가가 천정부지로 치솟았다. 하지만 결국 많은 기업들이 실질적인 수익을 내지 못하면서 주가는 급락했고, 경제 위기가 발생했다.

3. 소비 감소와 투자 위축 - 경제 심리의 변화

경제는 소비와 투자로 돌아간다. 하지만 사람들이 불안감을 느끼고 소비를 줄이기 시작하면 기업의 매출이 감소하고, 투자도 줄어들며, 경제가 위축되는 현상이 나타난다.

예를 들어, 코로나19 팬데믹이 발생했을 때 많은 사람들이 불확실성을 느끼고 소비를 줄였으며, 기업들도 투자를 미루면서 경제 침체가 발생했다.

4. 외부 충격 - 자연재해, 전쟁, 팬데믹 등

경제 위기는 때때로 예기치 못한 외부 요인에 의해 발생하기도 한다.

- 1970년대 오일 쇼크 : 중동 전쟁으로 인해 원유 공급이 급격히 줄어들면서 전 세계 경제가 큰 타격을 입었다.
- 코로나19 팬데믹(2020년) : 세계적으로 이동이 제한되고 생산 활동이 멈추면서 글로벌 경제가 위축되었다.

이처럼 외부 충격은 경제 시스템에 갑작스러운 변화를 일으키고, 위기를 촉발할 수 있다.

경제 위기의 결과 - 우리가 겪는 변화들

경제 위기가 발생하면 다음과 같은 부정적인 변화가 나타난다.

1. 기업 도산과 실업 증가

- 경제 위기 때 많은 기업들이 도산하면서 일자리가 줄어든다.
- 실업률이 증가하면 소비도 줄어들면서 경제 침체가 더욱 심해진다.

2. 금융시장 불안정과 주가 폭락

- 투자자들은 위험을 피하기 위해 주식을 팔아버리고, 주가가 급락할 수 있다.
- 금융기관들도 신용을 조이면서 대출을 줄여 경제 활동이 더욱 위축된다.

3. 부동산 시장 붕괴

- 사람들이 돈을 빌리기 어려워지고, 부동산 가격이 하락하면서 시장이 얼어붙는다.
- 2008년 금융위기 당시, 미국의 주택 가격이 급락하면서 많은 사람들이 집을 잃었다.

경제 위기를 극복하는 방법 – 정부와 개인의 대응 전략

경제 위기가 발생하면 정부와 개인은 다양한 방법으로 이를 극복하기 위해 노력한다.

1. 정부의 경기 부양 정책

- 금리 인하 : 중앙은행이 금리를 낮춰 기업과 개인이 대출을 쉽게 받을 수 있도록 한다.
- 재정 지출 확대 : 정부가 공공사업을 늘려 일자리를 창출하고 경제를 활성화한다.

2. 개인의 재무 관리

- 경제 위기 때는 과소비를 줄이고, 저축을 늘리는 것이 중요하다.
- 안정적인 투자 포트폴리오를 구성하여 주식, 채권, 금과 같은 자산을 분산시키는 것이 도움이 된다.

경제 위기는 반복되지만, 대비할 수 있다

경제 위기는 피할 수 없는 자연스러운 경기 순환의 일부다. 하지만 우리는 과거의 사례를 통해 경제 위기의 원인을 분석하고, 대비할 수 있다.

경제가 호황일 때는 지나친 낙관을 경계하고, 위기가 닥쳤을 때는 신중하게 대응하는 것이 중요하다. 금융 지식을 갖추고 경제 흐름을 이해하는 것이야말로 경제 위기를 극복하는 가장 좋은 방법이다.

정부가 돈을 푼다고?

경제가 어려워질 때 정부는 다양한 방법을 통해 경제를 살리려고 한다. 그중 가장 대표적인 것이 경제 부양 정책(Economic Stimulus Policy)이다. 쉽게 말해, 정부가 경제를 활성화하기 위해 돈을 시장에 공급하는 것이다. 흔히 뉴스에서 "정부가 돈을 푼다"는 표현을 듣게 되는데, 이는 중앙은행이 금리를 낮추거나, 정부가 직접 재정을 투입하여 소비와 투자를 늘리는 정책을 의미한다.

하지만 단순히 돈을 많이 풀었다고 해서 경제가 무조건 살아나는 것은 아니다. 어떤 방식으로 돈이 공급되느냐에 따라 경제에 미치는 효과가 다르며, 때로는 예상치 못한 부작용도 발생할 수 있다. 그렇다면 정부는 어떤 방식으로 경제를 부양하고, 이러한 정책이 경제에 어떤 영향을 미치는지 살펴보자.

경제 부양 정책이 필요한 이유

경제가 침체되면 소비와 투자가 줄어들면서 기업의 생산과 고용이 위축된다. 이를 해결하기 위해 정부가 개입하여 경제를 활성화하려는 것이 경제 부양 정책의 핵심이다.

1. 소비와 투자가 줄어들 때 경제가 악순환에 빠진다

경제가 어려워지면 사람들은 불확실성 때문에 소비를 줄이고, 기업들은 투자를 주저한다. 이렇게 되면 기업의 매출이 감소하고, 고용이 줄어들며, 실업률이 증가한다. 실업률이 높아지면 소비는 더욱 감소하는 악순환이 발생할 수 있다.

2. 시장이 스스로 회복하기 어렵다면 정부의 개입이 필요하다

일반적으로 경제는 시간이 지나면 스스로 회복하는 경향이 있지만, 때때로 너무 깊은 침체에 빠져 회복이 어려운 경우가 있다. 이럴 때 정부가 나서서 경제를 활성화하는 역할을 해야 한다.

예를 들어, 2008년 글로벌 금융위기 당시 미국 정부는 대규모 경기 부양책을 시행하여 기업들을 지원하고, 금리를 낮춰 소비와 투자를 촉진했다. 이를 통해 경제가 빠르게 회복될 수 있었다.

경제 부양 정책의 주요 유형

정부가 경제를 부양하는 방법은 크게 **통화 정책**(monetary policy) **과 재정 정책**(fiscal policy)으로 나눌 수 있다.

1. 통화 정책 – 중앙은행이 돈의 흐름을 조절한다

통화 정책은 중앙은행(예 : 한국은행, 미국 연방준비제도)이 금리를 조정하거나 화폐 공급을 조절하여 경제를 활성화하는 방식이다.

① 금리 인하 – 대출이 쉬워지고 소비가 증가한다

금리를 낮추면 기업과 개인이 대출을 쉽게 받을 수 있게 되고, 이를 통해 소비와 투자가 증가한다. 예를 들어, 주택담보대출 금리가 낮아지면 사람들이 집을 사려는 수요가 증가하고, 자동차 할부금리가 낮아지면 자동차 판매도 증가할 수 있다.

② 양적 완화 – 중앙은행이 직접 돈을 푼다

양적 완화(Quantitative Easing, QE)는 중앙은행이 채권을 매입하여 시장에 유동성을 공급하는 방식이다. 즉, 중앙은행이 직접 시장에 돈을 푸는 것이다. 2008년 글로벌 금융위기 이후 미국과 유럽은 대규모 양적 완화 정책을 시행하여 경제를 회복시켰다.

2. 재정 정책 – 정부가 직접 돈을 사용한다

재정 정책은 정부가 직접 돈을 사용하여 경제를 활성화하는 방법이다.

① 공공사업 확대 – 일자리를 늘리고 경제를 활성화한다

정부가 도로, 철도, 공항 등의 인프라 사업을 확대하면 건설업과 관련된 일자리가 증가하고, 경제가 활기를 띠게 된다.

② 세금 감면 – 국민의 가처분 소득을 늘린다

정부가 소득세나 부가가치세를 감면하면 국민들의 가처분 소득이 증가하여 소비가 촉진될 수 있다.

③ 긴급 지원금 – 직접적인 현금 지원

경기 침체가 심각할 때 정부는 국민들에게 직접적인 현금 지원을 하기도 한다. 예를 들어, 코로나19 팬데믹 때 각국 정부는 긴급재난지원금을 지급하여 소비를 촉진하려 했다.

경제 부양 정책의 효과

정부가 돈을 풀면 단기적으로 경제가 회복될 가능성이 높지만, 장기적으로는 부작용이 발생할 수도 있다.

1. 긍정적인 효과 – 소비 증가와 경제 회복

- 기업과 개인이 대출을 쉽게 받아 소비와 투자가 증가한다.
- 기업들이 투자를 늘리고 일자리를 창출하여 실업률이 낮아진다.
- 공공사업을 통해 인프라가 개선되면서 장기적인 경제 성장에 기여할 수 있다.

2. 부작용 – 인플레이션과 자산 가격 거품

하지만 너무 많은 돈을 풀면 인플레이션(물가 상승) 문제가 발생할 수 있다. 사람들이 돈을 많이 쓰면 수요가 증가하고, 이에 따라 가격이 오르게 된다.

예를 들어, 2020~2021년 코로나19 팬데믹 이후 미국 정부는 대규모 경기 부양책을 시행했는데, 이로 인해 물가가 급등하는 현상이 발생했다.

또한, 저금리 정책이 오랫동안 지속되면 부동산과 주식 시장에서 거품(bubble)이 형성될 가능성이 있다.

경제 부양 정책이 실패하는 경우

모든 경제 부양 정책이 성공하는 것은 아니다. 정책이 적절하지 않거나, 예상하지 못한 변수들이 발생하면 오히려 경제를 더 어렵게 만들 수도 있다.

1. 돈은 풀었지만 소비가 늘지 않는 경우

정부가 돈을 풀어도 사람들이 불확실성을 느끼고 소비를 하지 않으면 경제 회복이 더뎌질 수 있다.

2. 정부 부채 증가

정부가 무리하게 돈을 풀면 국가 부채가 증가하고, 나중에 경제가 회복될 때 세금 부담이 커질 수도 있다.

3. 인플레이션이 통제 불가능해지는 경우

경기를 살리려다 지나친 물가 상승을 초래하면 오히려 국민들이 생활비 부담을 느끼게 되고, 경제가 다시 위축될 위험이 있다.

경제 부양 정책은 신중하게 사용해야 한다

경제 부양 정책은 침체된 경제를 회복시키는 중요한 도구이지만, 그만큼 신중하게 사용해야 한다.

단기적으로는 소비와 투자를 촉진하여 경제를 활성화할 수 있지만, 장기적으로는 인플레이션과 자산 가격 거품, 정부 부채 증가 같은 문제를 유발할 수도 있다.

따라서 경제 위기가 발생했을 때는 단순히 돈을 많이 푸는 것이 아니라, 경제 구조를 개선하고 지속 가능한 성장을 이끌어낼 수 있는 방향으로 정책이 설계되어야 한다. 균형 잡힌 경제 부양 정책이야말로 경제 위기를 극복하는 가장 효과적인 방법이다.

경제 뉴스 쉽게 이해하는 법

경제 뉴스는 매일 쏟아진다. "금리가 인상되었다", "환율이 급등했다", "주식 시장이 요동치고 있다" 같은 뉴스들이 연일 보도된다. 하지만 경제 뉴스를 접할 때마다 이해하기 어려운 용어나 개념들이 많아 부담스럽게 느껴질 때가 있다.

경제 뉴스는 단순한 정보가 아니라, 미래를 예측하고 현명한 소비와 투자를 결정하는 중요한 도구다. 만약 경제 흐름을 제대로 읽을 수 있다면, 돈을 더 효과적으로 관리하고, 올바른 투자 결정을 내릴 수 있다. 그렇다면 경제 뉴스를 쉽게 이해하는 방법과 핵심적인 경제 흐름을 읽는 법에 대해 알아보자.

경제 뉴스를 읽을 때 꼭 알아야 할 기본 개념

경제 뉴스는 다양한 주제를 다루지만, 결국금리, 환율, 물가, 주식, 부동산 같은 핵심 요소들로 연결된다. 이 요소들이 경제에 어떤 영향을 미치는지 이해하면 경제 뉴스를 쉽게 해석할 수 있다.

1. 금리 - 돈의 가격을 결정하는 핵심 요소

금리는 돈을 빌릴 때 내야 하는 비용이다. 중앙은행(한국은행, 미국 연방준비제도)이 금리를 조정하면 경제에 큰 영향을 미친다.

- 금리가 오르면 → 대출 이자가 높아져 소비와 투자가 줄어든다. (경제 둔화)
- 금리가 내리면 → 대출이 쉬워지고 소비와 투자가 늘어난다. (경제 활성화)

경제 뉴스에서 **"금리 인상"**이나 **"금리 동결"**이라는 단어가 나오면, 이를 소비와 투자 활동과 연결해서 생각하면 된다.

2. 환율 - 우리 돈의 가치는 변한다

환율은 한 나라의 화폐가 다른 나라 화폐와 교환되는 비율이다.

- 환율 상승(원화 가치 하락) → 수출 기업에게 유리하지만, 수입품 가격이 올라 소비자에게 불리하다.
- 환율 하락(원화 가치 상승) → 수입품 가격이 낮아져 소비자에게 유리하지만, 수출 기업에게는 불리하다.

예를 들어, 환율이 오르면 해외여행 비용이 증가하고, 기름값이 올라 물가가 상승하는 등의 영향을 미친다.

3. 물가 - 경제의 건강 상태를 나타내는 지표

물가는상품과 서비스의 평균 가격 수준을 의미한다. 물가가 지나치게 오르면 소비자들의 실질 구매력이 줄어들고, 경제 불안이 커질 수 있다.

- 인플레이션(Inflation, 물가 상승) : 돈의 가치가 하락하면서 같은 돈으로 살 수 있는 물건이 줄어든다.
- 디플레이션(Deflation, 물가 하락) : 기업들의 수익이 줄어들면서 경제가 위축될 가능성이 있다.

경제 뉴스에서 **"소비자 물가지수(CPI) 상승"**이란 말이 나오면, 인플레이션이 심해지고 있다는 의미로 이해하면 된다.

4. 주식 시장 - 경제의 바로미터

주식 시장은 경제 흐름을 반영하는 대표적인 지표다.
- 주식 시장이 상승하면 → 경제 전망이 밝다고 해석할 수 있다.
- 주식 시장이 하락하면 → 경기 침체 우려가 커지고 있다는 신호일 수 있다.

특히 코스피(KOSPI)와 다우지수(Dow Jones) 같은 주요 지수를 확인하면 세계 경제 흐름을 읽을 수 있다.

5. 부동산 시장 - 사람들이 가장 관심을 가지는 경제 요소

부동산 시장도 경제와 밀접한 관계가 있다.

 - 부동산 가격 상승 → 투자 수요 증가, 경제 활황
 - 부동산 가격 하락 → 투자 심리 위축, 경기 둔화

부동산 뉴스에서 "**금리 인상으로 주택 매매가 줄었다**"는 말이 나오면, 사람들이 대출을 받아 집을 사기 어려워지고 있다는 의미다.

경제 뉴스를 읽는 실전 방법

1. 뉴스 제목만 보고 판단하지 않는다

경제 뉴스의 제목은 자극적일 때가 많다. 예를 들어, "환율 폭등! 경제 위기?" 같은 제목이 붙어 있더라도, 실제 기사 내용을 보면 일시적인 변동일 가능성이 크다.

경제 뉴스는 항상맥락과 배경을 고려하며 읽는 것이 중요하다.

2. 데이터를 확인하고 비교하기

경제 뉴스에서 수치를 언급할 때는이전 데이터와 비교해보는 것이 중요하다.

예를 들어,

 - "소비자 물가지수 3% 상승" → 이전 수치가 2%였다면 물가 상승 속도가 빨라졌다는 의미다.

- "환율 1,300원 돌파" → 과거 평균 환율이 1,200원이었다면 원화 가치가 떨어지고 있음을 의미한다.

3. 여러 매체의 뉴스를 비교해서 읽는다

경제 뉴스는 해석하는 방식에 따라 다르게 보도될 수 있다. 같은 경제 사건이라도 어떤 매체에서는 "경제 성장 신호"라고 보도하고, 다른 매체에서는 "위험한 경제 상황"이라고 분석할 수 있다.

따라서 한 가지 뉴스만 믿지 말고, 다양한 매체에서 정보를 비교하며 읽는 습관을 들이는 것이 중요하다.

4. 경제 흐름을 한눈에 볼 수 있는 핵심 지표를 확인한다

매일 모든 경제 뉴스를 다 읽을 수는 없다. 하지만 몇 가지 핵심 지표만 확인해도 경제 흐름을 파악하는 데 도움이 된다.
- 금리 변동(한국은행, 미국 연준 발표)
- 환율 변동(원/달러 환율 확인)
- 주식 시장 지수(코스피, 다우지수, 나스닥 등)
- 소비자 물가지수(CPI)
- 국제 유가 변화

이 지표들은 경제 뉴스의 핵심이기 때문에, 이들만 잘 확인해도 경제 흐름을 쉽게 읽을 수 있다.

경제 뉴스를 이해하면 돈이 보인다

경제 뉴스는 단순한 정보가 아니라, 소비, 저축, 투자, 재테크 전략을 세우는 데 중요한 도구다.

예를 들어,

- 금리가 상승한다면 대출이자 부담이 커지므로 대출을 줄이는 것이 좋다.
- 환율이 상승하면 해외 직구보다 국내 소비가 유리해질 수 있다.
- 인플레이션이 심해지면, 현금 자산보다는 실물 자산(부동산, 금, 주식 등)에 투자하는 것이 유리할 수도 있다.

경제 뉴스는 어렵지 않다!

경제 뉴스를 처음 접하면 어려울 수 있지만, 금리, 환율, 물가, 주식, 부동산 같은 핵심 개념을 이해하면 훨씬 쉽게 접근할 수 있다.

경제 뉴스는 단순한 정보가 아니라, 소비 습관과 투자 전략을 세우는 중요한 도구다. 매일 조금씩 경제 뉴스를 읽는 습관을 들이면, 경제 흐름을 이해하는 능력이 자연스럽게 길러질 것이다.

경제 뉴스가 어렵게 느껴진다면, 기본 개념부터 차근차근 익히면서 한 가지 지표씩 확인하는 습관을 들여보자. 그렇게 하다 보면, 경제 뉴스가 더 이상 어렵지 않게 느껴질 것이다.

앞으로의 경제,
나는 어떻게 대비해야 할까?

세상은 빠르게 변화하고 있다. 우리가 살고 있는 경제 환경도 예외가 아니다. 한때 안정적이었던 직업이 사라지고, 전통적인 산업이 흔들리는가 하면, 새로운 기술과 비즈니스 모델이 등장하면서 경제 구조 자체가 바뀌고 있다. 이러한 변화 속에서 경제 흐름을 이해하고 유연하게 대처하는 태도가 그 어느 때보다 중요해지고 있다.

하지만 많은 사람들이 "경제 변화에 어떻게 대비해야 할까?"라는 질문 앞에서 막막함을 느낀다. 불확실한 미래를 대비하는 가장 좋은 방법은 경제를 보는 안목을 기르고, 변화에 대한 열린 자세를 가지는 것이다. 그렇다면 앞으로의 경제 환경에서 우리가 가져야 할 태도와 구체적인 준비 방법에 대해 알아보자.

변화하는 경제 환경 - 미래는 어떻게 달라질까?

앞으로 경제 환경은 다양한 요인에 의해 빠르게 변화할 것이다. 이를 이해하면 미래를 대비하는 데 큰 도움이 된다.

1. 디지털 경제가 주도하는 시대

과거에는 공장과 노동력이 경제를 이끌었다면, 지금은 디지털 경제가 핵심이 되고 있다. 인터넷, 인공지능(AI), 블록체인 같은 기술이 금융, 산업, 소비 방식까지 변화시키고 있다.

예를 들어, 온라인 쇼핑의 발달로 전통적인 오프라인 매장은 점점 줄어들고 있으며, 기업들도 디지털 플랫폼을 활용한 사업 모델을 적극적으로 도입하고 있다.

2. 인플레이션과 경기 변동의 영향

최근 몇 년 동안 물가 상승(인플레이션)이 전 세계적인 이슈가 되고 있다. 인플레이션이 계속된다면, 같은 돈으로 살 수 있는 물건이 줄어들면서 우리의 실질적인 구매력이 낮아질 가능성이 크다.

또한 경기 변동에 따라 기업들이 구조 조정을 하거나, 일자리의 형태가 변화하는 것도 중요한 포인트다. 특히, 한때 안정적이었던 직장도 이제는 더 이상 평생 직장이 아닐 수 있다.

3. 노동 시장의 변화 - 평생직장에서 평생직업으로

기술의 발전과 자동화로 인해 전통적인 직업군이 변화하고 있다. 앞으로는 한 가지 직업에 의존하기보다, 다양한 기술과 역량을 갖추고 여러 분야에서 일할 수 있는 능력이 더 중요해질 것이다.

예를 들어, 과거에는 제조업 중심의 일자리가 많았지만, 지금은 IT, 금융, 플랫폼 산업 같은 새로운 분야가 떠오르고 있다.

경제 변화에 대비하는 3가지 핵심 태도

이제 우리는 단순히 경제 뉴스를 소비하는 것이 아니라, 경제 변화 속에서 스스로를 지키고 기회를 잡는 능력을 길러야 한다. 이를 위해 꼭 필요한 3가지 핵심 태도를 살펴보자.

1. 평생 학습 – 끊임없이 배우는 자세

경제 환경이 빠르게 변화하는 만큼, 새로운 지식을 꾸준히 익히는 것이 필수다. 특히 금융 지식, 디지털 기술, 글로벌 트렌드 등을 공부하면 변화에 더 쉽게 적응할 수 있다.

예를 들어, 한때 투자라고 하면 부동산과 주식이 전부였지만, 이제는 가상화폐, NFT, 인공지능 기술을 활용한 투자 방법까지 다양해졌다. 이런 흐름을 모르고 기존 방식만 고수하면 변화하는 시장에서 뒤처질 수밖에 없다.

2. 분산 투자 – 리스크를 최소화하는 방법

미래 경제가 불확실한 만큼, 돈을 한 곳에 집중적으로 투자하기보다는 다양한 자산에 분산 투자하는 것이 중요하다.

- 부동산, 주식, 채권, 금, 가상화폐 등 여러 자산을 적절히 분배해야 한다.

- 특히, 단기적인 시장 변동에 흔들리지 않고, 장기적인 투자 전략을 세우는 것이 중요하다.

과거에는 부동산 투자가 가장 안정적이라고 여겨졌지만, 최근에는 금리 인상과 부동산 시장 변동으로 인해 위험성이 커지고 있다. 따라서 한 가지 자산에 집중 투자하는 것보다, 여러 분야에 걸쳐 균형을 맞추는 전략이 필요하다.

3. 소비 습관 개선 - 똑똑한 소비자가 되는 법

경제 변화에 대처하려면 돈을 버는 것뿐만 아니라, 돈을 쓰는 방식도 바꿔야 한다.
- 충동구매를 줄이고, 계획적인 소비 습관을 갖는다.
- 신용카드 사용을 줄이고, 가계부를 작성해 소비 패턴을 분석한다.
- 구독 경제, 할인 행사 등 소비 트렌드를 이해하고 효율적인 소비 방법을 찾는다.

특히, 요즘처럼 인플레이션이 심한 시기에는 필요한 지출과 불필요한 지출을 명확하게 구분하는 것이 중요하다.

미래 경제를 대비하는 실천 방법

변화하는 경제에 대비하려면 단순히 뉴스만 보는 것이 아니라, 실질적인 준비를 해야 한다.

1. 경제 뉴스와 금융 정보를 꾸준히 확인하기

경제 뉴스를 꾸준히 읽으며 금리, 환율, 주식 시장, 부동산 시장 등 주요 경제 지표를 확인하는 습관을 들이는 것이 중요하다.

2. 자기 계발에 투자하기

노동 시장이 변화하는 만큼, 지속적으로 자기 계발을 해야 한다.

- 새로운 기술을 배우거나, 온라인 강의를 통해 전문성을 키운다.
- 책을 읽거나, 경제 관련 콘텐츠를 보면서 트렌드를 익힌다.

3. 적극적으로 재테크를 시작하기

단순히 돈을 모으는 것만으로는 인플레이션을 이기기 어렵다.

- 저축만 하는 것이 아니라, 주식, 펀드, 부동산, ETF, 가상화폐 등 다양한 투자 방법을 익힌다.
- 리스크가 적은 투자부터 시작해, 점차 투자 규모를 늘려간다.

4. 경제 위기에 대비한 비상 자금 마련하기

경제가 불안정할수록, 비상 자금(긴급 자금)이 필요하다.

- 최소 3~6개월치 생활비를 비상금으로 준비한다.
- 안정적인 금융 상품(예 : 보통예금, 적금, CMA 계좌 등)을 활용한다.

변화를 두려워하지 말고, 기회로 삼아라

앞으로의 경제는 예측할 수 없는 방향으로 변화할 가능성이 크다. 하지만 변화를 두려워하기보다는, 경제 흐름을 이해하고 미리 대비하는 태도를 가지면 오히려 기회가 될 수 있다.

무엇보다 중요한 것은 경제를 읽는 능력을 기르고, 꾸준히 배우면서 변화에 적응하는 것이다.

"미래를 대비하는 최고의 방법은 지금부터 준비하는 것이다."

지금부터라도 경제 흐름을 공부하고, 돈을 효율적으로 관리하는 습관을 들이자. 그러면 어떤 변화가 오더라도 흔들리지 않고 경제적으로 자유로운 삶을 살아갈 수 있을 것이다.

일 잘하는 사람들의 비밀 노트 04

처음부터 배우는 경제학

초판 1쇄 발행 2025년 4월 30일

지은이 백광석
펴낸이 백광석
펴낸곳 다온길

출판등록 2018년 10월 23일 제2018-000064호
전자우편 baik73@gmail.com

ISBN 979-11-6508-648-0 (13320)